Αρισταρχος.

RECUEIL

FRAGMANTS ACADEMIQUES, THEOLOGIQUES, JURIDIQUES, MORAUX, POLITIQUES, TRAGICOMIQUES.

Echapez à l'indifferance de l'Auteur.

MOINS NATURELLE, QUE CELLE DU PUBLIC.

PAR

Un Antique JantilOme ami de

L'UMANITE'.

NOUVELLE EDITION.

Revue & Diminuée.

PREMIERE PARTIE.

A VILLEFRANCHE

AVEC APPROBATION

IMPRIMERIE DE PAR TOUT

LIBRAIRE DES SAVII

A l'anseigne de la Candeur.

IV. M. V C. LXVII.

Σατυρος.

Αρπαγμος.

RACCOLTA

DI FRAMENTI ACCADEMICI, TEOLOGICI, GIURIDICI, MORALI, POLITICI, TRAGICOMICI.

Trascorsi alla indiferenza dell' autore

MENO NATURALE DI QUELLA DEL PUBLICO.

PER

Un Gentiluomo antico amico

DELL' UMANITA'

NUOVA EDIZIONE

Tradotta dal Francese:

Revista, è Diminuita.

PRIMA PARTE

A VENEZIA,

CON APPROVAZIONE DEGLI SUPERIORI.

NELLA STAMPERIA DI RADICI

LIBRARIA DEI SAVII.

Alla Insegna del Candore.

IV M. V C. LXVII.

Σατυρος.

SOMMAIRE.

Filosofe des sa Naissance.
La libertè fit son essence.
Vertus, Muses, Beaux Arts, vous seutes l'attacher.
Guai, vif, sans fiel, sans vice, On aimoit sa presance.
Qui lui deut tout, cherchoit à lui tout arracher.
Il vit lesbiens les maux avec indiferance.

PORTRAIT

Du Seig. Beſſ. Conſeiller du Roi Très-Crêtien an ſes Conſeils &c.

Filoſofe dès ſa Naiſſance.
La liberté fit ſon eſſance.
Du Bien public il donnat des leçons.
Aux Voluptez, la pouſſiere il fit m'ordre.
Sages, Roix, Ecoutez ſes utiles Chanſons.
De la Candeur, on lui dut l'Ordre.
Eſperait-il de ſe Cacher?
Ce Burin malgré lui réparait ſon abſance.
Contre ſa plume on armat la puiſſance.
Qui lui dut tout cherchait a lui tout arracher.

Peu fortuné mais ſobre, Il
etait dans l'aiſance.
Guai, vif, ſans fiel, ſans vice,
on aimait ſa Preſance.
Vertus, Muſes, Beaux Arts,
Vous pûtes l'atacher.
Il vit les biens, les maux avec
indiferance.
D'un pas égal & ferme il ſût
toujours marcher.

RITRATTO

Del Sig. Beiss. M. de P. ***.

Puro latte gli diè Filosofia,
E l'esser gli donò la libertade.
Ei del pubblico Ben Lezioni diede,
Ed il piacere calpestar si vide
Con Franco piè : l'utili sue Canzoni
Ordin spiran, Candor, Benignitade.
Nasconder saggiamente egli si volle,
Ma assenza viparò scalpello industre.
Non bene, o male vacillar lo fero.
Potenza in van contro sua penna armossi.
Si fece delle Leggi ingiusto abuso,
E le lor voci soffocate furo.
L'innocenza allafin trionfar si vide.

Levar tutto volea, chi tutto debbe.
Sfortunato, ma ſobrio in opulenza
Spiritoſo, vivace, a tutti caro,
D'amaro fiele e d'ogni vizio privo
Egli ſen viſſe, le virtù le Muſe,
E le Bell'Arti ſolidar lo fero.
Grato il Cielo gli fù, nè ſua coſtanza
O muover, o crollar l'Inferno puote,
Ma fermo e eguale fù nel ſuo Cammino.

A. M. Mar...

Je me suis assez mal trouvé souvant de ne m'en pas fier à moi-même. Et néanmoins je ne puis me corriger de prandre conseil. Quand vous ne seriez pas Sanseur par état, je vous prierois de l'être par charité. Qui voudrait être utile n'a pas dessein de nuire. Mais l'amour propre est imprudant &c.

APROBATION.

Bien & très bien. Le stile est neuf, d'un concision singuliere. Plus de choses que de paroles. Ces écrits seront applaudis de ceux qui aiment l'esprit, point verbeux.

Mar... Sans. de Pol.
1 Janvier 4567.

A. M. Mar ...

Io mi sono assai mal abbatuto sovente per non fidarmi a me stesso, e niente dimeno io non posso dispensarmi dal corregermi. Quando voi non Censore di professione, io vi pregberò di esserlo per carità. Chi vorebbe esser utile, non ha disgnodi nuocere, ma l'amor proprio è imprudente.

APPROVAZIONE.

Bene benissimo. Lo stile è nuovo, d'una concisione singolare. Più cose, che parole. Questi scritti saranno applauditi da quelli che amano lo spirito, e non le parole.

Mar ... Cens.

Al 1. Genn. 1767.

Vid. & approb. C. Rere, non ó trovato niente contro i Principi, nè contro i buoni costumi.

Contin. Pul. Rev.

AVI-

AUX PAPES

ET AU

SACRÉ COLÉGE.

B. P.

UN *Anfant occupé du Bien commun, n'a pas be-*

ſoin de Médiacion auprès du Pere Commun, ſur tout lorſque la prudance fait déſirer ſes premiers Regards. L'utilité publique & générale, devoir perſonel, dont on doit s'aquiter, quand on eſpere d'y contribuer, préſante avec confiance, le Moniteur de tous les peuples, à l'Apôtre de toutes les Nacions.

L'Eminante Vertu du Sacré Colége, aſſure la protection des Eminances. &c.

AI SOMMI

PONTEFICI

ED

AL SAGRO COLLEGIO.

B. P. ED EE. SS.

Un figlio occupato del ben commune, non hà bisogno di mediazione presso il Padre commune, specialmente quando la prudenza fa desiderare i di lui primi sguardi. L'utilità publica e generale, debito personale, che si deve adempire, quando si spera di contribuere, presenta con fiducia l'ammonitore di tutti i Popoli all' Apostole di tutti le Nazioni.

L'Eminente virtú del Sagro Collegio, accerta la protezione dell' Eminenze. &c.

A SUA ECCELLENZA

IL SIGNOR GENERALISSIMO

DELLA VALOROSA NAZIONE CORSA.

ILLUSTRISSIMO ED ECCELLENTISSIMO SIGNORE,

COrrincio questa Lettera con supplicare VOSTRA ECCELLENZA, *di non attribuire a mancanza di ris-*

petto, ma a ſimplice mia ignoranza, ſe non la diſtinguo con quei Titoli che le ſono dovuti. E poi mi dò l'onor di dedicare A VOSTRA ECCELLENZA, le mie ricreazioni quali credo poſſano riuſcire di qualche utilità, quando non foſſero che per far penſar meglio. Io le conſacro all' ECCELLENZA VOSTRA, come all'Eroe che ſtimo più d'ogni altro. Il Liberatore della ſua Patria deve, con giuſta ragione, eſſere antepoſto a gli Oppreſſori del Mondo intiero. Si deve parlar poco a gl'Ingegni che fanno molto: Queſto baſta per comprovare la ſincerità e vivacità de' i riſpettoſi ſentimenti co' i quali hò l'onor di raſſegnarmi

DI V. ECCELLENZA,

Umiliſſimo e Devotiſſimo Servitore

AVIS

On ſait l'Ortograſe ordinaire & ſavante. On an preſere un ſinguliere & liſible.

UN Jeune Graveur a u l'obſtination & la malice de s'eguaier & de s'eſſaier ſur cette Vieille figure. La ſuprimer ſerait coqueterie, & la produire eſt faire voir, que l'Ouvrage n'eſt pas d'un Anfant.

Quelques idees neuves feront aboier l'ignorance qui ne croit poſſible que ce qu'elle croit voir, qui ne ſait pas que le ſage Draco fit gouter des loix cruelles, plus humaines que celles qui n'efraient pas le vice. Elles le ſont moins toutte fois qu'un Chatimant ſévére, qui otant les moiens de nuire à la ſocieté, lui procurerait la reparation des torts que lui ſont les crimes. Les Turcs doivent l'Eloge que l'on fait de leur fidelité, au mortier ou l'infidelité ſe broie. Les malfaiteurs craindraient une vie dure

&

AVVISO

Si sà l' ortografia ordinaria e dotta, ma se ne preferice una singolare, e leggibile.

UN Giovane Incisore ha avvuto l' ostinazione e la malizia di godere, e di provarsi sotto questa vecchia figura. Il supprimerla sarebbe una leggerezza, e produrla è dare a divedere, che l' opera non è di un fanciullo.

Alcune idee nuove faranno abbajare l' ignoranza, che non crede possibile, che ciò che ella crede vedere: la quale non sa, che il saggio Dracone fece gustare delle Leggi crudeli, più umane di quelle che non spaventano il vizio. Esse sono sempre meno di un castigo severo, che col impedire la maniera di nuocere alla società, le procurerebbe la riparazione dei torti che gli fanno i delitti. Gli Turchi devono l' elogio che si fa della loro fedeltà, al mortaojo, ove l' infedeltà si pista. Li mal-

& laborieuſe, qui repeterait un ſpectacle utile, plus que la mort. Elle eſt inevitable, & ſouvant amenèe par une maladie longue, aigrie par les remedes & les Medecins. Les vicieux ſont moins affraiez de la Roue qui les briſe an un inſtant.

Un autre ſage decriat l'or : Il lui ſubſtituat, un metal aſſomant, mais propre a écraſer l'avarice. Anfin le Tamps qui detruit tout, Etablit tout.

malſattori temerebbero una vita dura e faticoſa, che ripeterebbe uno ſpettacolo più utile che la morte. Ella è inevitabile, e ſpeſſe volte recata da una lunga malattia, inaſprita dai rimedi, e dai medici. Li vizioſi ſono meno paventati dalla Ruota che li fracaſſa in un'iſtante.

Un'altro Saggio ſcredita l'oro, gli ſoſtituiſce un metallo peſante ma proprio a fracaſſare l'avarizia. Infine, il Tempo che diſtrugge tutto, ſtabiliſce tutto.

FRAM-

FRAGMANTS &c.

AVANT PROPOS.

IL eſt des Vieillards qui mettent au jour les liſſanſes deleur jeuneſſe. A tout age on fait des folies. La Vieilleſſe voudrait parler mème après ſa mort: Expier les debauches d'une plume jeune & legère, par un ſolide moins amuſant; Et ſans pouvoir dire *Exegi monumentum ære perennius*, elle oſe eſperer un amandemant de-

FRAMMENTI
ecc.

INTRODUZIONE.

SOno Vecchi che danno alla luce le bizzarie della lor Gioventù. In ogni età ſi fanno delle ſtoltezze. La Vecchiezza vorebbe parlare ancora dopo la ſua morte, ed emendare i falli di una penna giovine, e leggera, con una ſolida, meno dilettevole; E ſenza poter dire; *Exegi monumentum ære perennius* ., ella ardiſce ſpe-

desiré dans un monde infect qui corrompt ses mambres les plus sains ; Elle ne se flate point de resurrections si ce nèst de la sienne, mais sans miracle ne peut-on pas au moins modérer les maladies de l' ame.

Il est bon d' adoucir l' amertume des Remedes an les mixtionant. C'èst l' effet des Receuils, & celui des Fragmants, est d'acourcir le Volume. Un grand parleur, un gros livre sont des fleaux.

De l'Academique, quelques

ſperare un miglioramento deſiderato in un Mondo infetto, che corrompe li ſuoi membri più ſani; Ella non ſi luſinga di un riſorgimento, ſe queſto non è del ſuo. Ma ſenza miracolo non ſi poſſono moderare le malattie dell' Anima.

Ella è coſa buona raddolcire l' amarezza dei rimedi col miſchiarli. E l'effetto delle raccolte e dei frammenti, d'abbreviare il volume. Un gran Parlatore, un groſſo Libro ſono mali.

Lo ſtile Accademico, alques rimes, des guaietez, delassent ou reveillent. La plus belle voix a besoin d' acompagnemant. Il faut se mettre an force pour combatre l' annui que procurerait la monotonie des plaisirs mèmes. Tout sert a qui sait an tirer parti. Le Dégoust avertit qu' il n'est point ici de felicité durable: Mais il nuit, an angourdissant l'ame, & troublant le peu de Rafrechissemant accordé. Ecrivons. Cette folie mème de la Vieillesse, est une lesson de sagesse.

cune Rime, e Bizzarie rallegrano, o risvegliano. La più bella voce abbisogna di essere accompagnata. E'necessario usar violenza per combattere la noja che recherebbe la lunga serie dei piaceri istessi. Tutto serve a chi sa farne buon uso. Il dispiacere c'avverte che non vi è tra noi felicità durevole. Ma egli nuoce istupedendo l'anima, e turbando quel poco di riposo accordato. Scriviamo. Questa folia stessa detta Vecchiezza, è una lezione di sapienza.

PEN-

PANSEES

PRELIMINAIRES.

La Jeunesſe doit amploier ſes forces à ſervir l'etat: l'age avancé ſon expériance & ſes réfléxions ſur ce qui peut contribuer à la felicitè publique. On n'eſpère pas changer le monde, mais converſer avec les prudants des moiens d'ameliorer ſon ſort.

Je n'ecris point pour les Bètes d'habitude. *Odi prophanum vulgus, & arceo* J'aurai peu de lecteurs. Je

PENSIERI

PRELIMINARI.

La Gioventù deve impiegare le ſue forze al ſervigio dello ſtato. L'età avanzata la ſua ſperienza e le ſue riflеſſioni in ciò che può contribuire alla pubblica felicità. Non ſi ſpera gia di cangiare il Mondo, ma di concertare con li Prudenti la maniera di migliorare la ſua ſorte.

Io non ſcrivo gia per li Animali d' abitudine. *Odi proſſanum vulgus, & arceo*. Avrò pochi leggitori.

n'aime pas la grande compagnie. Un Auditoire nombreux est mal composé. Socrate vaut toutte la ville d'Atène. Qui cherche à capter les aplaudissemants, ne doit pas les trouver. Mais la Critique est elle indifferante? Elle est de mes amies, plus utile qu'agréable. Satyre vous ètes mal sur vos pieds. Vous trebuchéz. Vous tombez de vous mème. Les foux doivent trouver les sages insansez. On n'estime que ce qui nous ressamble: Apres tout, il vaut mi-

Io non amo la gran compagnia. Un'uditorio numeroſo è male compoſto. Socrate vale per tutta la Città d'Atene. Chi cerca a cattivare gli applauſi, non deve arritrovarli. Ma la Critica è ella indiferente? Ella è una delle mie amiche, più utile, che dilettevole. Satira voi ſtate male ſu voſtri piedi, Voi vacilate, Voi cadete da voi medeſima. Gli ſtolti devono trovare i ſagi inſenſati. Non ſi ſtima, ſenon quello che ci raſſomiglia. Prima,

Io non amo la gran compagnia. Un uditorio numeroso è male composto. Socrate vale per tutta la Città d'Atene. Chi cerca a cattivare gli applausi, non deve arritrovarli. Ma la Critica è ella indifferente? Ella è una delle mie amiche, più utile, che dilettevole. Satira voi state male su vostri piedi, Voi vacilate, voi cadete da voi medesima. Gli stolti devono trovare i ſagi inſenſati. Non ſi ſtima, ſe non quello che ci raſſomiglia. Prima, di tutto è meglio occuparſi ſolo., che importunare gli altri d'un ozio incomodo, dal quale impediſce ſottrarſi, il lor decoro Veggetare ſolamente io non lo poſſo, nella mia età poco ſi dorme. Il ſangue reſo ſpeſiſſimo ſi coagulerebbe, E ben dovere godere più che è poſſibile di un giorno che deve finire, e della ſua anima che lo ritiene ancora, ſi leva alla morte, ciocchè ſi rubba al ſonno.

Il ſonno eſtingue fino il

V. il ſequente pag. 33. ciò che manca dell' Italiano può ritirarſi d'all' Abatte Martinelli granda Croce della corte di S. Marco in Venezia, ove da il Stampatore Radici, all' Orte della Madona.

aime pas la foule. Mon ſtile eſt laconique. Il n'i a que quelques Spartiates qui puiſſent le ſaiſir. Chacun a ſa leſine, même les plus diſſipateurs. La miene eſt celle des mots. Ecrit-on pour être oublié ? Retient-on des longues periodes ? Auſſi, *Dum brevis eſſe laboro obſcurus fio*. J'ai beſoin d'attantion & de ſilance. Un Auditoire nombreux eſt bruïant & mal composé. Socrate vaut toute la Ville d'Aténes. Qui ne cherche qu'à capter les applaudiſſemens ne les merite pas. Mais la Critique eſt-elle indifférante ? Elle eſt de mes amies, plus utile qu'agréable. Satyre vous êtes mal ſur vos pieds. Vous trebuchez. Vous tombez de vous-même. Les foux doivent trouver les ſages inſanſez. On n'eſtime que ce qui nous reſſamble.

Après-tout il vaut mieux s'ocuper ſeul, que d'importuner les autres d'un loiſir incomode, & dont les Bienſéances les ampêchent de ſecouër l'annui.

Vegéter ſeulemant, je ne le puis.

A mon âge, on dort peu. Le ſang qui n'eſt que trop épaiſſi ſe coagulerait. Il eſt bon de jouir le plus qu'il eſt poſſible d'un jour qui va s'éteindre & de ſon ame que l'on retient ancore.

On anleve à la mort ce que l'on dérobe au ſomeil.

Il étint juſqu'au ſantimant de l'Exiſtance. Mais aux lecteurs, ne faut-il pas eux s'ocuper ſeul, que d'importuner les autres d'un loiſir incomode, & dont les Bienſéances les ampèchent de ſecouer l'annui Végéter ſeulemant, Je ne le puis : A mon age, on dort peu. Le ſang qui n'eſt que trop épaiſſi ſe coagulerait. Il eſt bon de jouir le plus qu'il eſt poſſible d'un jour qui va s'eteindre, & de ſon ame que l'on retient ancore. On anleve à la mort ce que l'on dérobe au ſomeil. Il étint jus qu'au ſantimant de l'exiſtance. Mais, aux lecteurs, ne faut-

di tutto è meglio occuparsi solo, che importunare gli altri d'un ozio incomodo, dal quale impedisce sottrarsi, il lor decoro. Veggetare solamente io non lo posso, nella mia età poco si dorme. Il sangue reso spesissimo si coagulerebbe. E ben dovere di godere più che è possibile di un giorno che deve finire, e della sua anima che lo ritiene ancora, si leva alla morte, ciocchè si rubba al sonno. Il sonno estingue fino il

il pas du Neuf? an offraije? An est-il? Je ne vois que les mèmes astres. Il n' y a de suremant bon que le vieux, que lon daigne conserver an le renouvelant. Ma nouvauté sera quelques singularitez pour n'etre pas aussi fou, que l'on dit etre tout le monde, & s'il n'i a point d' éxcéption c'est la folie que je choisis. Je me répeterai. J'an avertis vite, afin que l'on ne m'achette pas si cela déplait, ainsi qu' un air sans façon, & qui s' acomode mieux d'une dia-

il ſentimento dell'eſiſtenza. Ma i Lettori non ricercano coſe nove? io ne offro? V'e n' è ſono? Io non vedo che le medeſime Stelle. Non vi è ſicuramente di buono che il vecchio, che ſi degna conſervare rinovellandolo. La mia novità ſarà qualche coſa di Singolare, per non eſſere così ſtolto, che ſi dice eſſere tutto il Mondo; E ſe non daſſi alcuna eccezione, è la folia, che io ho ſcelta. Io mi ripeterò. Io ne ho di prima avvertito, affinchè non ſi compri ſe

lecte expressive, que du purisme de la Cour. Délicats ! vos dégoust sont une maladie, elle est contagieuse. Arriere. Il ne vous faut pas des alimants solides. Vivez de triolets.

Je ne me pique point d'être toujours original, mais je ne suis jamais copie. On peut panser l'un come l'autre sans se conaitre, & pouvoir citer Les premiers n'avaient qu'à venir les derniers. On ne doit point crier au voleur quand on use come de son bien de ce que l'impression nous done. Les reehaufez seront assaisonez à ma guise. Un stile toujours grave, un sérieux continu, fut-il sublime est assomant. Je souhaite mes amusemants utiles aux autres ! Tout pour tous autant que l'on peut, mais ils doivent être mes délassemants : La gaieté m'est nécessaire.

Il faut se rapeller même ce que l'on sait. On n'antand pas toujours au premier mot.

Anfin tout se repete dans la nature, les

quello dispiace, come di un aria senza ornamento, & che si accomoda meglio d'un dialetto espressivo, che della affettazione della Corte. Delicati! le vostre nausee sono una malatia che è contagiusa. Addrietro. Non vi convengono gli alimenti solidi. Nudritevi di Triogli. Io non mi dò d'esser sempre originale, ma ben si mi dò quello di non esser mai copia. L'uno può pensare come l'altro, senza conoscersi e potersi citare. Bastava che i primi fossero venuti gli ultimi. Non si deve gridare al ladro, quando uno usa, come del suo proprio bene, di ció che la stampa gli dona. Le riscaldate saranno condite a mio modo. Un stile sempre grave, una serietà continua benche sublime, riesce noioso. Io bramo li miei trattenimenti utili agli altri. Tutto per iuti fincchè si può; ma esser devono il mio ricreamento: La allegrezza mi è necessaria.

Bisogna ripetere ancora ciò che si sà.
Non si intende sempre alla

prima

lecte expressive, que du purisme de la Cour: Les rechaufez seront assaisonez à ma guise. Un stile tou-jours grave, un sérieux continu, fut-il sublime est assomant. Je souhaite mes amusemants utiles aux autres; Tout pour tous autant que l'on peut, mais ils doivent ètre mes amusemants: la guaieté m'est nécessaire. On oublie. Il faut se rapeler mème ce que l'on sait. On n'antand pas toujours au premier mot. Anfin tout se répéte dans la nature, Les

quello dispiace, come di un' aria senza ornamento, e che si accomoda meglio d' un dialetto espressivo, che della affettazione della Corte. Le riscaldate saranno condite a mio modo. Un stile sempre grave, una serietà continua. Io bramo gli miei trattenimenti utili agli altri. Tutto per tutti finchè si può; ma esser devono il mio passattempo: la allegrezza mi è necessaria. Si dimentica. Bisogna ripetere ancora ciò che si sà. Non si intende sempre alla

jours, les nuits, les occupations, les plaisirs, & plus ancore les malheurs. Au moins *dèbiteraije* de l'ancre & du papier à l'avantage du comerce. An faije les frais? Des cartes, des dez me couteraient davantage, & me feraient une reſſource ancore plus incertaine. Aſſis ſur un tas d'or dont la poſſeſſion claire ne me donne par la jouiſſance, que raviſſent l'ingratitude & la chicanne évidante, il me faut i ſupléer, pour ne point devoir, (ce que je ne fus jamais,)

prima parola. Allaperfine tutto ripetesi nella natura. Li giorni, le notti, le occupazioni, i piaceri, e più ancora li dispiaceri. Almeno farò vendere dell' Inchiostro, e della carta, a vantaggio del commercio. Ne faccio io la spesa. Delle carte e de' dadi mi costerebbero d'avvantaggio, e mi sarebbero un mezzo ancor più incerto. Assiso sopra un mucchio di oro, la di cui chiara possessione non mi fa godere, che ravvisano l' ingratitudine, le cavilazioni evi-

mais,) jusqu'à ce qu'un Tribunal qui m'est depuis long-tamps fermè, l'arrache de mains rapaces d'un de ses mambres, pour me la randre.

Quelqu' interest que j' eusse à flater, Je suis bien sur de déplaire à ceux qu'afecte le mien, où le fantòme d'une grandeur aparante exposée à des humiliations réelles. Est ce politique ? Non. C'est morale. Mon titre l'anonce. Il est Courageux de dire ce que l'on croit utile

au

denti non mi fanno godere. Bisogna che io supplisca, per non dovere) ciò che io non son stato giammai, sintantochè un Tribunale chiuso da lungo tempo lo strapi dalle mani rapaci d'uno de' suoi membri per rendermele. Qualunque interesse che io avessi a lusingare, io sono sicuro di dispiacere a quelli che affetta il mio, o il fanatismo d'una grandezza apparente esposta ad umiliazione reale, E' ella questa Politica? No. E' morale. Il mio

Tito-

au Public, ne nous dut-il pas l'être.

Une expériance de 60 ans apuje des raiſonemans, point diſtraits par ce que l'on nomme plaiſir. L'avantage d'une education ſévère dès la plus tandre anfance, d'un berſau ſans duvet, d'une adoleſſance fort ſurveillé, & d'un age mur cruellemant traverſé, de vieux jours plus tourmantez ancore, fait jetter dabord un Criperſant. Il echape à l'umanité. La filoſofie le modére. On doit

Titolo l'annoncia. E' ardita cosa il dire ciò che crede utile al pubblico, benchè non sarebbe utile a noi.

Una esperienza di 60 anni, sostenuta da ragionamenti, punto non distratta da ciò che si chiama piaceri; L'Avvantaggio d'una Educazione severa fino dalla più tenera fanciullezza, d'una adolescenza assai risvegliata, e d'una età matura crudelmente attraversata, di vecchj giorni più tormentati ancora, fa gettare subito un grido grande.

peut ètre à touttes cès rigeurs, le tamps d'an parler ancore. Eſt c'un bien? Eſt-il ſur que la mort valut mieux? les delices l'apelent plus que les malheurs. On eſt trop ſanſible aux maux inévitables ici bas, quand on n'eſt pas aſſez andurci par l'habitude.

Voila des motifs, des objections, des réponſes, de l'héroiſme, & des Garands.

DIS-

Egli ſcappa all'umanità. La Filoſofia lo modera. Eſſervi deve, può eſſere a tutti queſti rigori il tempo di parlarne ancora. E' queſto un Bene? E egli ſicuro che la morte ſia megliore? le delizie la chiamano, più delle diſgrazie. Si è troppo ſenſibile ai mali inevitabili di queſta terra, quando non ſe ne è indurato per l'abito.

Eccovi dei motivi delle obbiezioni, delle riſpoſte dell' Eroiſmo, e dei Malevadori.

BRE-

DISCOURS COURT

(Ç'an est la bonté.)

RECEPTION

Dans une Compagnie lettrée.

TOus les Talants de l'Esprit, & tous les sexes, M.rs & D.es, ont dû s'ampresser d'obtenir votre associacion & s'an glorifier, mais elle n'avait peut-être pas ancore etè l'ambicion de tous les ages. Acceptez l'homage du mien. Quelque fier qu'il soit, d'une expériance, qu'an anlevant tant d'autres biens, tant d'années donnent, & que l'on croit être un titre imposant, pour faire le respectable docteur, je ne m'an vanterai pas moins, d'être votre éléve. Je serai l'admirateur de ce merite que vous acueillez dans toutes les nations, M.rs & D.es, où il répete votre nom, & l'illustration de vos sufrages.

Ami des muſes an tous les tamps, on m'a preſſé de demander place dans un de leurs ſanctuaires. Son nom brillant annonce une lumiere èblouiſſante, dont il me poraiſſait importun d'ètre toujours anvironnè par état; objet de l'orgueil des aſpirants, & des mépris vanjeurs d'une vanité qu'offanſent les refus, vn de leurs plus baus eſprits, diſait de ſa compagnie.

Sommes-nous tranteneuf, Tous ſont à nos Genoux.

Mais ſommes-nous quarante, on ſe moque de nous.

Je me ſuis toujours anvelopè dans la libre independance de mon obſcuritè cherie.

Le Beau plait. Il affecte. Le Bon doit atacher. Heureux climats! vos arbres an tout tamps, portent des fleurs & des fruits; Ici, l'on trouve toujours le flateur & l'intereſſant. Un nom modeſte, n'anonce que la ſimple nature.

a la verité dans un Pais renommé pour la Bauté. Les Talants tranſpirent. Ils trahiſſent la modeſtie. On eſt à couvert de cette infidelité dans le mediocre. Il ſe peut réparer par le zele & la reconnoiſſance. L'Eclat du grand mérite, reflechiſſant ſur le moindre, il s'ambelit, & vous ne riſquez, M.rs & D.es, que de montrer de l'induljance. On peut tout eſperer des leçons des grands Maitres. Il eſt des copies ſuportables à cotè des originaux les plus parfaits. Elles an augmantent le merite par la comparaiſon. Je devrais n'avoir qu'à vous célebrer. Il me faut juſtifier votre choix. Aprenez-le moi. Parlons peu; pour vous ecouter baucoup.

IMPROMTUS

NON FAITS

MAIS REVUS A LOISIR.

MES ieux ne s'ouvrent plus
qu'aux celestes Clartez.
L'étincelle qui les imite
N'a pas assez de feux pour ébran-
ler l'orbite,
Docteurs du Janre Umain, im-
mortelles Bautez
Qui de la nuit des tamps, percez
les sombres voiles,
Nuit qui tout obscurcit hors vous
& les Etoiles,
Je ne puis feuilleter vos écrits lu-
mineux,
Lorsqu'un autre Emisfère;

Se plaint peut-être aussi de l'ardeur qui l'éclaire.
Muse supléez i : Venez me rendre Eureux
Appollon est un infidelle,
Pour d'autres, il vous quitte. Accourez.
Vangez-vous :
Je dédaigne à mon tour une bauté mortelle :
Venez, inspirez-moi des sons dignes de nous.

AUTRE

L'Abé le B... est dit on bel Esprit...
Assuremant. A-t'il par quelqu'écrit,
Vous moquez-vous. Il traîne ses paroles
D'un ton reflechissant conte des fariboles,
An Chantre du Pont-neuf il grimace & l'on rit,
L'Abé B... est bel Esprit.

VARIÉTÉ

C'EST MA DÉVISÉ.

Quoi de plus varié que l'œuvre de l'invariable. Il jette ſans ſiméttrie dans le Firmamant les globes lununeux & réfléchiſſants. Les Emaux de nos prairies tapiſſent des montagnes & des vallées. Ces bijoux ne ſont pas compaſſez. L'Auteur de tout verſe tout pêle - mêle avec magnifiçance ; Il ne s'annonce point par chapitre ni découpures. Corps, ame, Tout, Tout eſt au moins nuancé differamant. Toujours la même tancion dans l'organe le détruirait ; Une ſeule ſanſacion ne donnerait qu'un ſantimant. La monotonie dans les liqueurs n'apelerait qu'une percepcion. Etre conſtamant chanjant n'eſt pas une antitéſe frivole, c'eſt le propre des vraimant bons eſprits. Ils voient au-delà de ce qu'ils ont vu. La combinaiſon infinie leur préſante ſucceſſivemant des faces nouvelles. Ils les jugent. Raremant leurs premiers craions les ſatisfont. Dans notre crepuſcule on ne doit pas eſperer d'épuiſer les ſujets, on ne peut que les ébaucher, an les retouchant, quand on n'a pas le triſte boneur d'être le ſeul contant, *at mihi plaudo.* Ces variacions umiliantes n'affligent néanmoins pas trop l'amour propre. Il était flaté d'avoir bien fait, il s'aplaudit de mieux faire; & dans l'ennui de parfaire, il paſſe à d'autres imperfexions. Il n'eſt que des bêtes d'abitude qui ne refont point, parce qu'elles cheminent ſans reflexion. L'inconſtance n'eſt pas variété, come l'obſtinacion n'eſt pas conſtance. Le travers diſtingue les vertus des vices; le

VARIE'TE'.

le changement à Citere n'eſt pas toujours infidélité. L'on aimait trop, on eſtimait trop : on avait tort; on aimait, on eſtimait ce que l'on croiait aimable, eſtimable. On ſe détrompe; à l'erreur près, onreſt le même. L'atrait affolait; il diminue, il ceſſe, l'effet doit ſuivre la cauſe. Dans toutes ces variacions il n'eſt pas d'inconſtances, mais Jouet du caprice; Abandonner ce que l'on doit ancore eſtimer & aimer, pour le ſeul plaiſir de changer, c'eſt l'umeur volage & dérelonnable; Si l'on la connaiſſait dans l'objet qui nous ſéduit, on ne ſe laiſſerait pas anchainer à ce que je crois: l'i trouve-t-on? Ce n'eſt plus ce que l'on aimait. On ſe plaint injuſtemant de ſa légéreté, c'eſt ſa propre conſtance qu'il faut ſe reprocher. Varions come l'on varie; un clou chasse l'autre. L'expression est proverbiale, mais significative. Il serait beaucoup plus avisé de se détacher antieremant de tout ce qui peut renouveler nos douleurs. C'est le parti que prit sagemant un de nos plus grands Capitaines, vainqueur partout ailleurs qu'à Pafos; mais guéri par le mal même. On ne doit faire qu'un joujou de ce qui n'est pas un devoir. Il vaudrait mieux ne pas badiner. Une inclinacion qui de sa nature est sérieuse n'est pas jeu.

Les jans de lettres se delassent utilemant an variant leurs études; le beau monde an parcourant des brochures; les jolies fammes an voltijant & assortissant des pretintailles de toutes couleurs: adoucissemants des soucis d'une toilette étudiée; filets de toute nature pour des poissons divers, dont le rafinemant ſupérieur & la biſarerie exigent dés apas renouvelez pour les attirer an leur cachant l'ameçon.

Ceux qui ſe piquent d'une uniformité ſolide & auſtere, ont beſoin de beches, d'outils, de ſtilets, de livres & d'antiſoniers. C'eſt moins, je crois, pour ſe ſubſtanter & ſe repoſer que pour changer de place, qu'ils vont à table & ſe couchent dans leur biere. On dit que l'abitude eſt une ſeconde nature, qu'elle adoucit les plus dures contraintes : Oui, quand elles ſont ſans douleur & variées. Le Forçat ſur ſon bord chante an ramant, rit an contant les petits profits de ſon induſtrie. Arquebuſer des bêtes, & s'excéder à courir aprés elles par monts & par vaulx, guerre ſans triomfe & ſans profit, le gibier ſouvant ne vaut pas la charge & les frais des chenils ; mais galoper une biche, délaſſe de trotter après une belle.

Pour pouvoir varier ſes pas hors Paris & Banlieue, un filoſofe très-caſanier néanmoins, a franchi les cimes les plus eſcarpées; malgré les riſques prévus des voyages, qui ne ſont néanmoins à vrai dire que des dangers échangez avec d'autres évitez. On ſe tourne pour ſe retourner. Il faut ramplacer les affaires par un autre tumulte. On amace des flateurs paraſites pour voir de nouvelles faces; l'accoutumance an dégoute. Les plaiſirs même les plus éveillants nous andorment. On fuit un Palais où logent toutes les voluptéz pour une petite maiſon preſque dénuée de tout.

Le tourmant le plus cruel du cachot eſt d'être toujours là. Les plus grands ſcélerats, punis

nis de la peine capitale, ne le ſont pas autant qu'un miſérable que des banqueroutes inopinées, peut-être des alures pas aſſez prudantes, ont mis dans l'impuiſſance d'akiter des dettes. Ils trouveraient des reſources dans une activité corrigée par l'evénemant, ſurveillée par l'intérait des créanciers ou des loix ſages. Après les ſaiſies de droit des effets dépoſés, Elles l'ancheneraient à un garde obligé d'éclairer toutes les démarches du débiteur, les frais de priſon coutent plus. Cette liberté le mettrait à portée de réparer les pertes des debiteurs de bonne foi, parmi leſquels je ne comprands pas ceux qui cachent leurs effets, infidélité qui ſerait aiſément découverte par la néceſſité d'accuſer, & qui, outre la ſaiſie, ſurchargerait le compte du débiteur d'amandes griéves.

Le besoin de changer est si pressant qu'il ferait quitter ce que l'on a de plus cher pour ce que l'on abhorerait le plus : la molesse pour la fatigue, malgré les insinuacions du chevet. Que fait à son atelier un riche annuié de n'avoir à parcourir que vingt apartemants qu'il n'occupe ni ne prête ? Il ne sçait pas lire un plan ni découvrir les mauvaises manœuvres de ses ouvriers ; au milieu d'eux néanmoins il couvre de plâtre & d'ordures un bel habit tout neuf richemant brodé sans nul égard pour son lustre.

Est-ce la santé qui nous demande cette multiplicité sans fin de ragouts, de fruits, de vins, de liqueurs, des surtouts de glaces ornez de marmousets saxons ; c'est plus même que la sansualité,

GERMES
DU BONEUR PUBLIC.
CHAPITRE I.

LA politique doit être l'art d'édifier, de munir contre les Invasions extérieures, & la Révolte des passions intestines, qu'elle intéresserait à contribuer au bien comun; ou qu'elle reprimerait.

L'Ome né libre ne doit pas être captivé; mais anchaîné par ses goûts pervers, n'an est-il pas serf? C'est l'afranchir que de l'arracher à ses Tyrans.

Avant de créer l'abitant, le ſage Auteur de la nature aranjat l'abitacion. Imitons-le come nous pouvons. Donons au moins des idées. Grands & Riches, faites maneuvrer. Conſtantinople onore Conſtantin, plus que toutes les Villes qu'il a détruites. Bizance n'a pu faire oublier Conſtantinople.

PLAN D'UNE CITÉ.

Le Ciel élevé ſur nos têtes & regardé come le ſiége de la Divinité, fit dans tous les tams conſacrer les hauts lieux. Son Tample doit dominer toutes nos retraites au moins par ſon exaucemant.

La Maiſon de prieres eſt celle du Recueillemant. Le jour diſſipant ne doit éclairer que d'an haut. Les bas le ſeront par les illuminacions, dont les feux ſont plus ſombres que la lumiere du Ciel. Des trous aux ceintres qui ſeront de la grandeur apparante des Étoiles, la feront radier, & douze portiques dont l'Architecture ſera variée, leur doneront ancore antrée ainſi qu'aux peuples de toute part.

Ses ſouterains bien voutez, murez, carelez an pierre, pour ſoutenir les terres, & contre l'umidité logeront chaudemant pandant l'ivert & fraichement durant l'été, les Miniſtres de l'Autel autour de la Sacriſtie. Des lucarnes où plongera le jour éclaireront les Coridors qui ſépareront les apartemants. Ils n'auront caremant que la place d'un lit, d'un poële, de deux chaiſes avec un ſofa, deux petites garderobes vitrées du côté du lit, & une fenêtre vis-à-vis.

L'intérieur de l'Eglise sera rond, pour imiter le globe du monde. Il s'élevera dès les antrées an pante douce jusqu'à l'Autel qui sera fort exaucé. Des Stales circuleront an amfitéatre, laissant libres douze larges avenuës à l'Autel que l'élevemant randra visible aux places les plus éloignées & les plus basses. Deriere il i aura vide l'espace d'une toise, dans toutte la circonférance pour les moins dilijans, & ceux dont une médiocrité, plus eureuse que l'on ne croit, afranchit le zele des besoins de la molesse.

Les murs marbrez seront ornés de pintures qui figureront des statues de Saints an bronze, dont la chute n'exposera point, & les stales seront séparées du Sanctuaire par une double balustrade, elle ranfermeront la chaire à prêcher, amovible avec son baldaquin. Il convient que la Parole Sainte sorte du Sanctuaire, & du Sein du Verbe

Elle ſervirait auſſi pour les Coriſtes Chanoines & Chanoineſſes, Muſiciens & Muſicienes. Les louanges du Dieu pur, ne ſont chantées déçamant que par des bouches qui doivent l'être. Le Dieu dont la muſique eſt un don qu'il faut lui raporter, voulut qu'une Tribu choiſie au milieu de ſon Peuple cheri célébra mélodieuſemant ſes Louanges. L'Oficiant & ſon Cortége dans le Sanctuaire, ainſi que les Nobles an place, repréſanteront vis à vis l'un de l'autre, l'universalité des peuples & leur unité. REGALE SACERDOTIUM. Tous ne sont qu'un. Tous ofrent le Sacrifice ou sacramantelemant ou spirituellemant.

Il n'i aura qu'un Autel. Les prieres publiques doivent être comunes: les Messes & Ofices ne point s'étourdir l'un l'autre, & les priants ne point tourbilloner.

Il sera simple & tout à jour, pour que l'on puisse voir les Oficians de tous côtés, la Table sera disposée an tombeau, le Vainqueur de la Mort an sortira pour an doner la vie, & rompra le Pain Eucaristique. Il sanctifie les ames an purifiant les corps.

Douze Anges de cristal de roche dans les niches, couronez de lampions chargez de cire & un ansansoir à la main, de l'autre soutiendront le Dais.

La Voute sera peinte an bleu céleste & n'aura qu'un Triangle Symbole de la Divinité dans une gloire peuplée de Cherubins. L'Eglise sera consacrée à la Trinité.

DILEXI DECOREM DOMUS TUÆ LOCUM HABITATIONIS GLORIÆ TUÆ.

C'eſt aux maîtres de l'art à coriger mes fautes d'architecture. La ſanſure m'afecte plus que la louange, elle n'aprand rien aux Auteurs, ils ne ſe flatent que trop, l'autre perfectione; la critique fait l'éloge d'un ouvrage, par l'attention qu'elle i donne & la peine qu'elle prand. La ſatyre n'ataque même que le mérite qu'elle redoute. Une jolie famme loue volontiers celle qui ne l'eface point. La calomnie rand méconoissable. Imprudants qui s'an laissent anpoisoner, Ambicionera t'on de tels sufrages ? Qu'importe le santimant des inconnus, elle abuse ceux qui n'aprofondissent point ou n'an sont pas capables. Le vrai merite doit-il chercher leur estime & la regretter.

PRIMACIE.

Le Palais du Primat Ecclesiastique anvironerat l'Eglise, il an est le surveillant : il ne doit pas la quitter. Επισκοπος

Les souterains seront des

apartements de comodité qu'il partagerat avec ſon Clergé principal, an ménajant les jours de la Sacriſtie, par des échancrures qui rejoindront le batimant par des balcons à jour, deſſous.

Au premier feront les apartemans de Repréſentacion. On i montera par un rampant doux, come on deſſandra dans les ſouterains.

Au deſſus de ce premier ſeront les ſeres des arbuſtes délicats, qui l'été ſe tranſporteront ſur le toit plat.

L'expériance que j'ai de l'impénétrabilité de l'assalte ne me fait pas craindre les pluies. Ce bitume an est andurci. Le soleil l'amolit, un lit de sable s'incorporerait, & resserait les joints des caraux.

On montera dans cette serre & sur le toit par des escaliers pris dans les coins des salons qui deviendront actogones, & formeront un orkestre pour les Musiciens dans le salon de musique, un dais dans la Salle des Audiances, un Téatre dans

Spectacles Réligieux. On ne doit point ſe plaindre de la fatigue des eſcaliers quand on cherche l'exercice de la promenade.

Une double Baluſtrade an pierre ranfermera de grands Vaſes, pour les Orangers &c. dont on ne vera que les têtes & les tiges. Le Palais ſerait anvironé d'une Colonade fort élevéo Pour ne pas nuire aux jours de deſſous, & qui s'abaiſſeroit an chanfrain, juſqu'aux croiſées, ce qui procurera des comodités aux apartements.

mants, ils auront leur terasse au premier.

On ménagera dans le rez de chaussée des écuries & des remises.

Après, seront au dedans & aux dehors des terains sablez, pour y étaler les les besoins & les comodités de la vie. Ils seront suivis d'un jardin, où se rassembleront touttes les productions de la terre, qui randront an leur maniere omage au Créatur que l'on adore principalemant an ce lieu saint.

Les Clotures ſeront des gardes qui ſe renouveleront, ils ocuperont un nombre d'Omes, qui faute d'autres talants, ne doivent pas être abandonez. Ils conſerveront l'accez aux peuples, ſans crainte de dégradacion. Pauvres & riches ſeront admis. Les délaſſemants ne doivent pas être pour les ſeuls oiſifs.

Ce terain ſera percé par douze avenues qui aboutiront aux portiques du Tample, & planté de grands arbres à fruit qui doneront de l'ombre.

Les faces oposées seront construites dans le même goust, à l'exception qu'elles seront pavées pour les voitures.

Tous les espaces antre les anceintes serviront de rues, de places & de marchez.

Il i aura sept anceintres qui s'anfermeront l'une l'autre, touttes dans le même goust à l'extérieur, varié néanmoins par diferants ordres d'Architecture. L'intérieur se distribuera suivant sa comodité des abitants.

La premiere après la Primacie ſera pour la Cour de Juſtice, & pour les Ambaſſadeurs.

L'autre pour la Cour des Finances.

La troiſiéme pour la Ville & les Académies, Colleges, Spectacles publics & Jeux.

La quatriéme pour la Téologie, Medecine expérimentale, & non ſeulement Téorique, Farmacie, & Chirurgie &c.

La cinquiéme pour les

Regnicoles & Étrangers de tous états.

La ſixiéme pour les Gréniers publics qui ſe videront & ſe rampliront tous les ans.

La ſeptiéme pour les Oficiers, Garniſons, Priſons & Opitaux.

Les Murailles ſeront triples, & ſoutiendront une teraſſe de 5. toiſes de large qui ſervira de cours.

Le premier mur contourné ſferiquemant ſera compoſé d'angles égaux revétus le plus qu'il ſe pourra de fer de trois lignes d'épaiſſeur, pour que les boulets de canons qui l'ataqueraient gliſſent & comancent à s'amortir avant de ſe perdre antre les murs garnis & ramplis de ſable & autres matieres propres à cet effet. Les Portes de la Ville ſeront dans ſes angles. Point d'autres fortificacions. Elles ſervent aux vainqueurs, come elles ont été inutiles aux vaincus.

Chaque face, hors la premiere anceinte, aura ſa Paroiſſe qui ſervira pour les deux faces vis à vis.

De çant en çant pas, les Palais ſeront ouverts au public, & éclairez de lanternes aux antrées, ſous leſquelles on ménagera des aiſances où conduiront des paſſages étroits dont la premiere antrée ſera dans la rue, & que les Boueux auront ſoin de nétoïer tous les jours, an metant à profit pour l'amandemant des terres, les immondices des places & marchez. Elles infecteraient. Elles donnent des ſucs nouciers. Les terres an les filtrant an reproduiront nos alimans, les plus ſuculants & les plus ſavoureux. Le mal ſert au bien. Les faces des batimans ſous les colonades ſeront décorez de niches. Elles attandront les ſtatues des Illuſtres an tout janre bienfaiteur, que les Academies placeront avec fanfares, après les avoir choiſis & diſcuté leur mérite com'on fait les Apotéoſes. Un ſcrutin très ſecret décidera. L'on gravera ſur l'airain des inſcriptions ſimples. Les peuples ſauront l'Iſtoire onorable de l'umanité.

Ces jours doivent être

des fêtes. Il an faut aux peuples, pour atacher les Citoïens & apeler l'Etranger. Celles de la Religion doivent respirer son esprit, & n'inspirer que le receuilmant ou des santimants tandres mais sérieux.

Il faut une joie plus dissipante pour ceux que les travaux absorbent, & les afaires apliquantes randent maleureusemant, mais nécessairemant moins spirituels. On doit an charger les Arts de gousts. C'est pour les Omes qu'ils ont été donez aux Omes, & pour leur utilité l'abus est leur ouvrage, celui de la raison supérieure du législateur est de les placer.

On prétand que les spectacles profanes ou tout ce qui peut aprandre, ancourager, flater les vices, est rassemblé, recherché soigneusemant, sont nécessaires dans les grandes Villes. Ils le sont aux passions de ceux qui le permetent. Que d'Etats ne les conaissent au plus que dans le Carnaval, tamps auquel assuremant tout n'an est pas plus sage & mieux réglé. Le Législateur païen qui reformat la musique, & ne lui permit point un Cromatique amolissant, ou des sons propres à inspirer la fureur, n'aplaudirait point à nos Operas serieux ou comiques, où le Paganisme conserve des tamples, & des himnes pour la fureur & pour la vanjance, & l'obsénité des Ministres qui la prêchent & la chantent.

La musique, Art divin doit célébrer son Dieu dans ses tamples, i retenir ses Amateurs, ne fusse que pour conſerver leurs places, & les angager à antandre des inſtructions courtes, qui la partageraient, elle chaſſerait l'annui, que ne diſſipe point ancore un zéle aſſez ardant.

Qu'elle pourait avoir dans des concerts publics, de bons efets, an célébrant les Bienfaiteurs de l'Umanité ? Les Muſiciens, les Poëtes, les Orateurs, auraient déçamant des ſons graves & legers, des gaietez, des jeux d'eſprit, jончeraient de fleurs les avenues des vertus morales, peindraient & figureraient leurs traits, dont les hiſtoires n'inſtruiſent que ceux qui ſavent & qui ont le loiſir de lire, quelqu'utile que cette conaiſſance fut à ceux qui ſont pour les imiter plus que pour les admirer ſeulemant. La vanité des Déclamateurs qui dans nos Tamples ſaints dégrade la modeſtie & l'humilité crétienne, ſerait la ſuportable.

Ces Spectacles n'auraient que des jours & des tamps marquez, ils ne détourneraient pas à tous les inſtans les artisans & les domestiques, dans les places & dans les boulevards.

Je regrette les Tournois les Luttes, les Joutes, les Naumachies plus gueriers & plus intéressants que la chasse, au moins conservons la paume & les balons. Reservons des prix non pour les chevaux les plus legers mais pour les nageurs, Cesar ne néglijat point cet Art utile. Les conducteurs de chars & les cavaliers les plus adroits & les plus vites, après que nous an aurons distribué de plus importants pour l'Agriculture & pour les Artiſtes.

Il an eſt, & ce ſont ordinairement les plus abiles, qui ne travaillent que pour ſe repoſer, ils dépenſent, ils ſervent à la conſomacion. Gardons-nous de l'arêter an les païant d'avance, on prolongeroit leur létargie, on l'éterniſerait an les anrichiſſant, laiſſons leur le beſoin de gagner pour diſſiper, & pour ne point an detourner la prudance, aſſurons dans la décrépitude un néceſſaire proportioné à leur gain annuel, prouvé parce qu'ils ſan repréſanteront, reparti ſur toutes les années de travail. Il ſera donné à celui qui aura plus. C'eſt mot d'Evangile.

On ne peut avoir trop ſoin des Artiſtes & trop onorer les Genies, ils ſont le bien preſant & la gloire des Etats. Que va-t-on voir an Italie, an Hollande, an Angleterre, dans les Flandres, an France? On doit aux Arts les merveilles que l'on i admire, aparamant déſeſperantes maleureuſemant pour nos ſiecles où les anfans ne ſont point les œmules de leurs peres, ſur les travaux deſquels, ils dorment. Les vrais privilegiez ſont ceux qui tiennent du Ciel, & de leur propre induſtrie les talants qui les diſtinguent, & non du caprice, ou du crédit aveugle, des examptions de Tribut, ou des décorations idéales. La Nobleſſe due aux ancêtres donne à leur ſucceſſeurs un rang qui les tire de la preſſe, & leur obtient des égards extérieurs. La vraie grandeur conſiſte à meriter la vraie eſtime intérieure, tribut de reconaiſſance qui s'acquitte ſans être exigé, même par la jalouſie, mais an monoie diferante, les chagrins de l'anvie étant une ſorte d'omages.

CHAPITRE II.

LEs Arts de goûts doivent être chargez de fêter l'Apotéoſe du mérite ; c'eſt aux hommes qu'ils ont été donnez & pour leur utilité. Ce qui leur ſert s'uſe & ſe gâte. La raiſon ſupérieure du Légiſlateur doit i remedier.

On prétand que les ſujets moraux n'intéreſ-

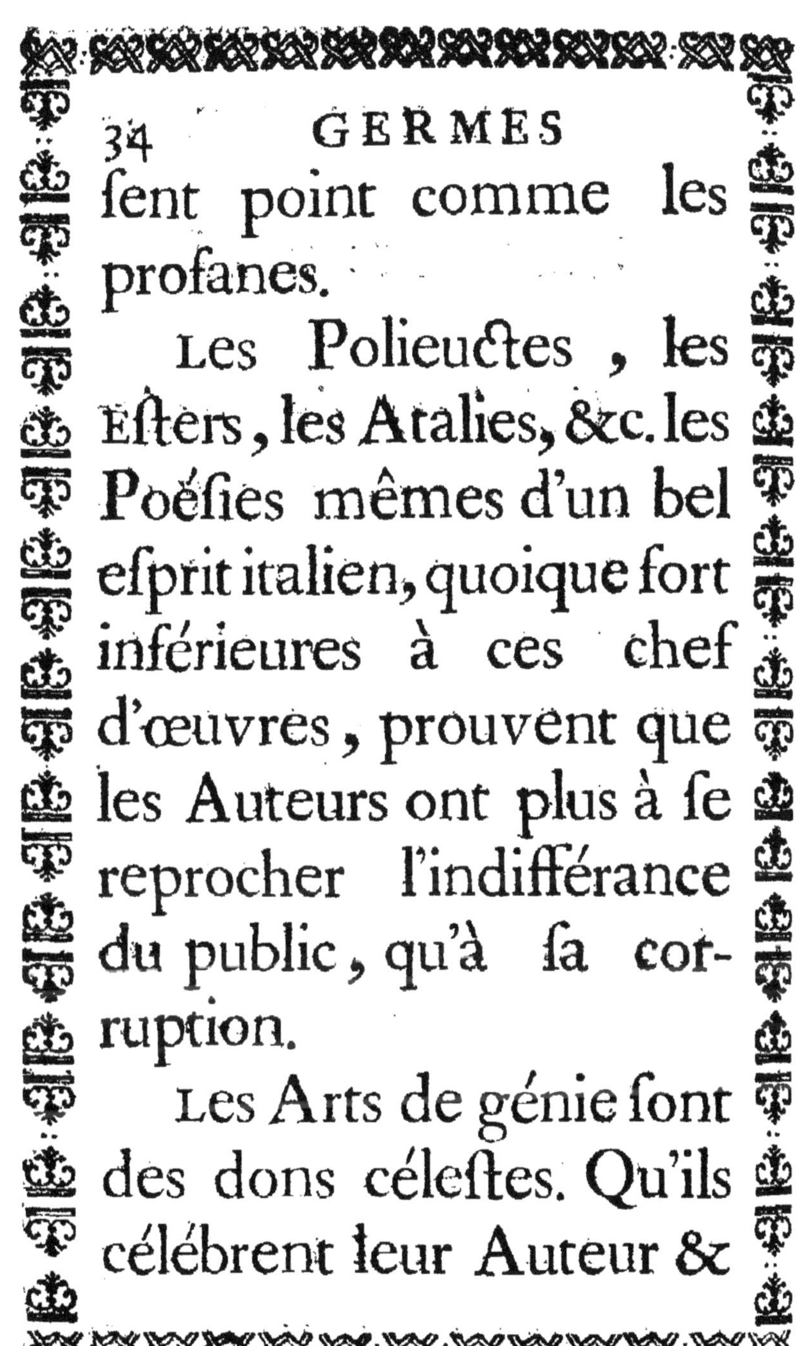

ſent point comme les profanes.

Les Polieuctes, les Eſters, les Atalies, &c. les Poéſies mêmes d'un bel eſprit italien, quoique fort inférieures à ces chef d'œuvres, prouvent que les Auteurs ont plus à ſe reprocher l'indifférance du public, qu'à ſa corruption.

Les Arts de génie ſont des dons céleſtes. Qu'ils célébrent leur Auteur &

ſes ouvrages. La Muſique retiendrair ſes amateurs, à des inſtrucions courtes qu'elle partagerait, elle chaſſerait l'annui que ne diſſipe point ancore un zele aſſez ardant. Qu'elle pourait avoir dans des concerts publics de bons effets an célébrant les bienfaiteurs de l'umanité? Mes oreilles ſont ancore pleines des ſons mélodieux que Gélio faiſait paſſer juſqu'au cœur dans la Capitale de la Provance an chantant le chaste Imen & ses flames pures. Les Poëtes, les Orateurs auraient déçamant des acsans legers, ils amploiraient des jeux d'esprit. Ils joncheraient de fleurs les avenues des vertus morales, peindraient & figureraient leurs traits auxquels la couleur & le ciseau doneraient la vie & la voix : illusion utile à ceux qui ne savent, ou qui n'ont pas le tamps de lire, mieux employé ſans doute à bien imiter qu'à ſavoir ſeulemant.

La vanité des Auteurs qui dans nos Tamples ſaints dégrade la modeſtie & l'umilité crétiene, ſerait là ſuportable. Cette morale ne l'eſt point pour la frivolité. Je n'ai pas deſſein de lui plaire.

Ces ſpectacles n'auraient que des jours & des heures marquées au coucher du ſoleil, pour ne délaſſer qu'après le travail, & ne point détourner à tous les inſtants les Artiſants & les domeſtiques. Ils négligent leurs propres affaires intéreſſantes pour le public. Combien plus volontiers ancore celles de leurs maîtres, pour l'amuſette d'une parade, ſur nos Boulevards & dans nos Places: Les Aprantifs ne devraient être payés qu'à leurs pieces. Ils an ſeraient plus dilijans pour devenir promtemant habiles, & expéditifs, à leur riſques, perils & fortunes, obligez de perfectioner ce qu'ils auraient bruſqué. Pour les Domeſtiques, ceux qui ne ſont que mercenaires ſont moins importants & leur metier s'aprand aiſémant. Ils ſeront ancore plus facilemant ramplacez, & le public n'a pas à s'an plaindre.

La Proceſſion du St. Sacremant à Rome, l'illuminacion du Vandredi Saint à Veniſe, ſes Carnavals, ſes Régates, l'Anfantillage de Cambrai, cette marche d'anfant dans des chars dorez, &c. amenent une foule de curieux qui païent bien cher les frais de la pompe & leur amuſemant. Excepté le Louvre, Paris n'a pas de plus baux Edifices que

la ſuperbe Genes

Genes, de ſi belles Egliſes que Rome, elle ne raſſamblent point an ſi grand nombre des antiquitez curieuſes &c. Mais elle a Téatres, des Boulevards, des Jardins admirables, où les ſpectateurs de l'un & l'autre ſexe font ſpectacles; l'Etranger i afflue, i ſéjourne. On ne vient pas la voir ſimplemant come la Galerie de Medicis, on s'y établit quand on

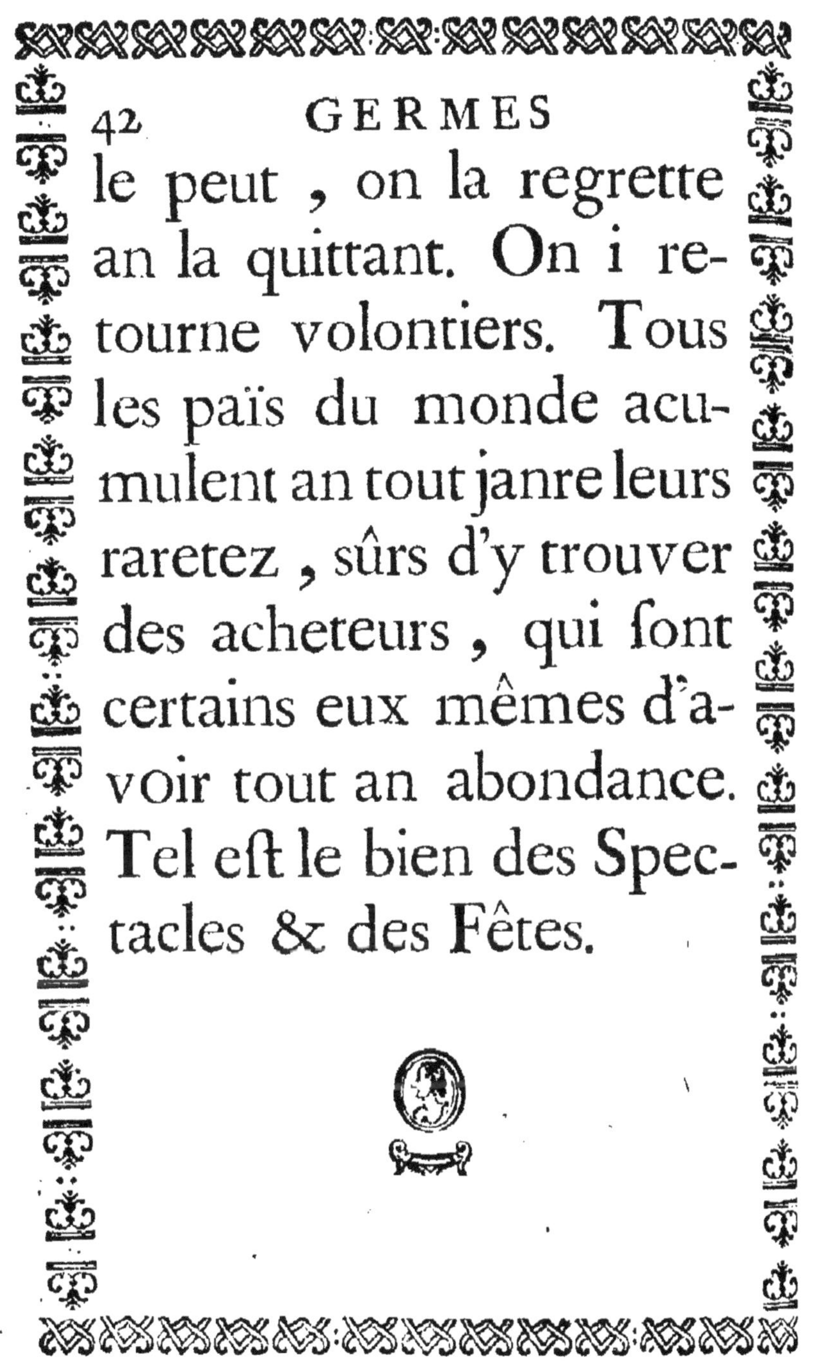

le peut , on la regrette an la quittant. On i retourne volontiers. Tous les païs du monde acumulent an tout janre leurs raretez , sûrs d'y trouver des acheteurs , qui ſont certains eux mêmes d'avoir tout an abondance. Tel eſt le bien des Spectacles & des Fêtes.

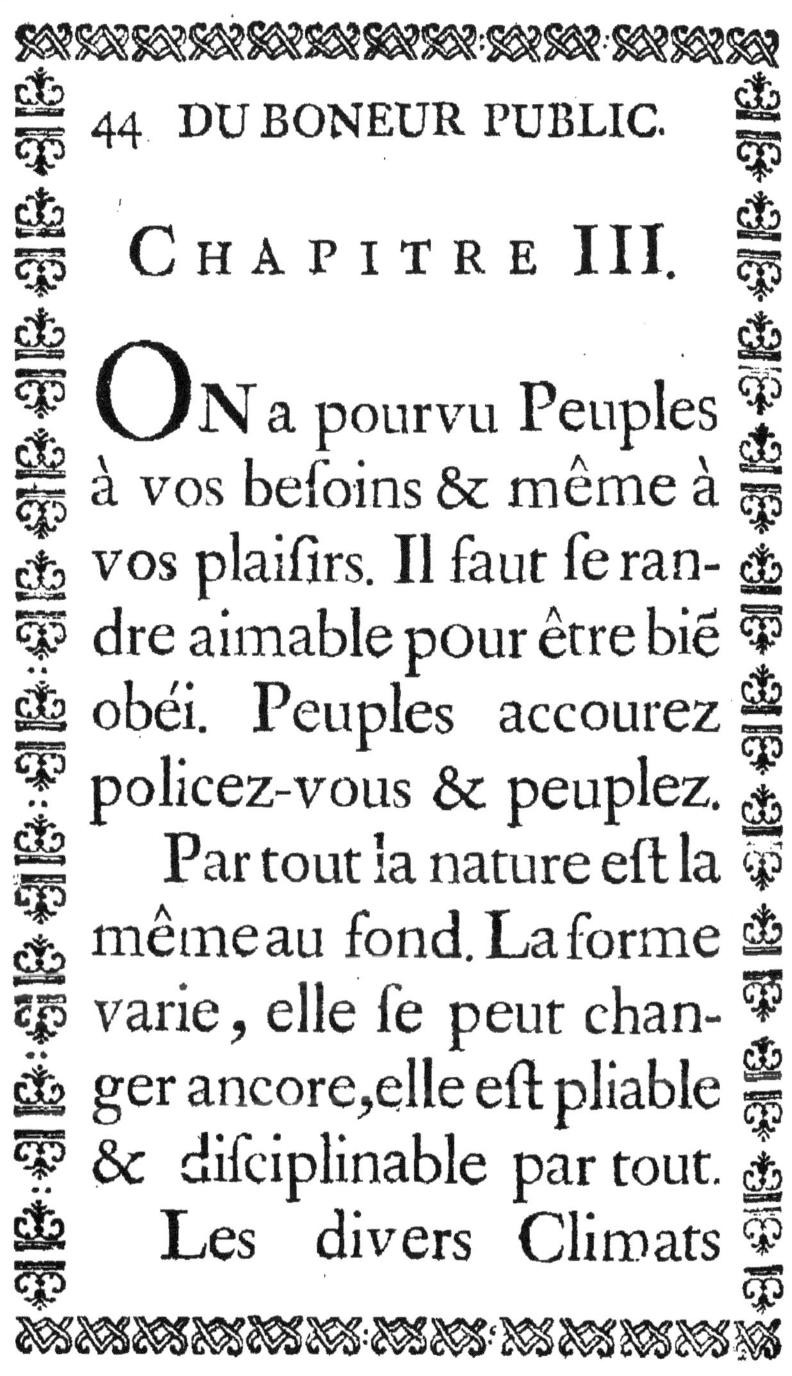

CHAPITRE III.

ON a pourvu Peuples à vos beſoins & même à vos plaiſirs. Il faut ſe randre aimable pour être biē obéi. Peuples accourez policez-vous & peuplez.

Par tout la nature eſt la même au fond. La forme varie, elle ſe peut changer ancore, elle eſt pliable & diſciplinable par tout.

Les divers Climats

nuancent difféːramant les corps & les ames qui se suivent dans leurs affections, mais ils n'an changent pas l'essance. La culture opere des mutacions dans les fleurs & les fruits : l'éducation dans les Omes.

Les modéles, les usages, les mœurs mêmes ne sont qu'une imitacion. On se moule sur les autres. On parle, on panse, on agit comme on antand, com'on voit, non comme il fait chaud ou froid, hors quelque diversité dans les vêtemans & dans les meubles ; mais plutôt comme il plait au caprice des Grands, des Puissants, de se masquer & de déraisoner, ou à la raison lumineuse d'instruire.

Le noir & le blanc craignent égalemant la douleur, & désirēt le bien être ; il ne s'agit que de le faire voir & goûter. Mais tous n'ont pas le même coup d'œil & le même palais. Il faut lever aux uns un voile, d'autres doivent faire pau neuve. Certains malades trouvent la ſanté moins douce que les remedes amers. Néanmoins la maladie eſt contagieuſe ; il faut ou forcer à guerir, ou riſquer les voiſins, ſuprimer les eſpeces de mauvais aloi, réformer

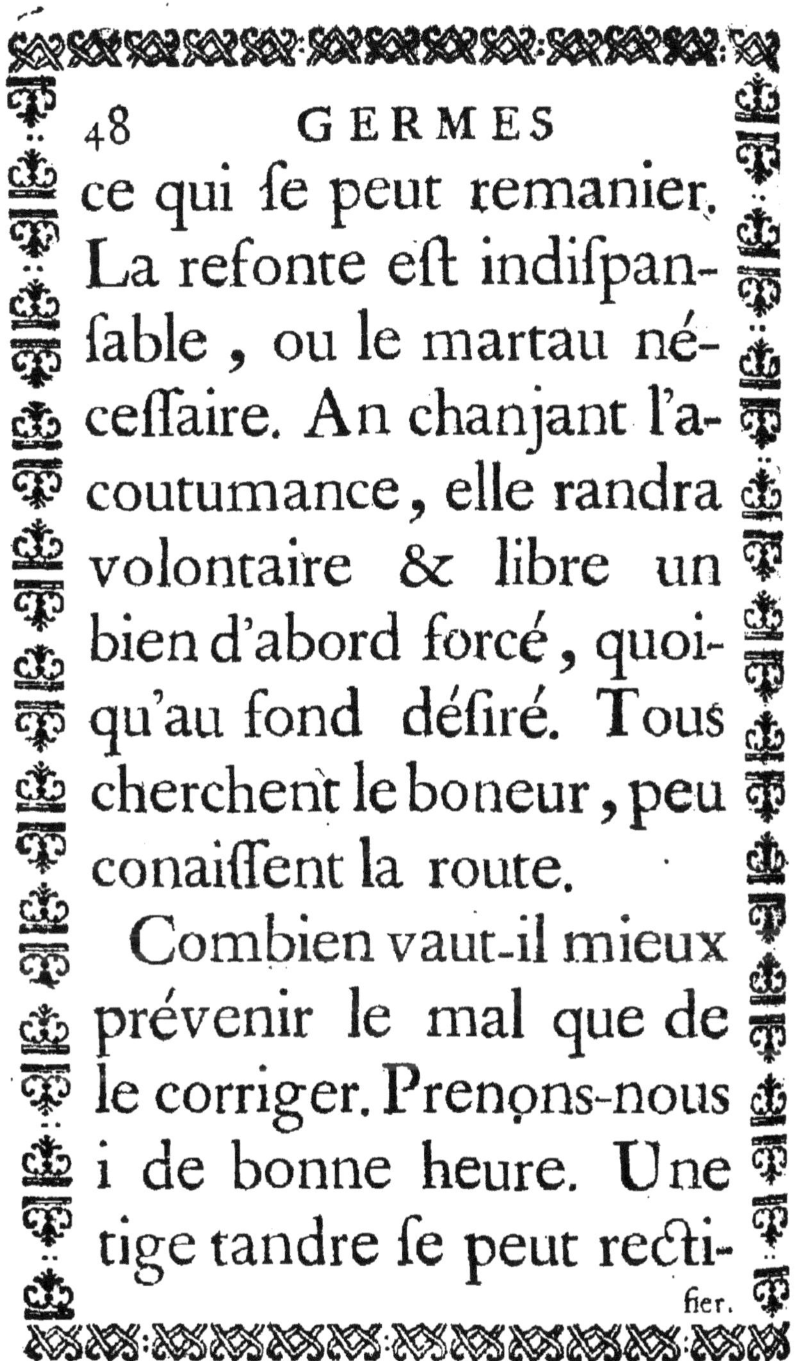

ce qui ſe peut remanier. La refonte eſt indiſpanſable, ou le martau néceſſaire. An chanjant l'acoutumance, elle randra volontaire & libre un bien d'abord forcé, quoiqu'au fond déſiré. Tous cherchent le boneur, peu conaiſſent la route.

Combien vaut-il mieux prévenir le mal que de le corriger. Prenons-nous i de bonne heure. Une tige tandre ſe peut recti-

fier.

fier. On plante pour le siécle à venir. Il est plus important de lui former des sujets qui servent de modéle aux suivants.

Le Berceau mene à la Toge, la Robe virile au désabillé dans l'âge consommé, le premier pli se fortifie : on est à quelques dégradacions près, ce que l'on fut. Soignons donc bien le berçau. L'anfance est le fondemant de l'édifice, on ne doit pas s'an faire un jeu. Qu'il est négligé cet âge si précieux !

Dès qu'une mere est délivrée de l'ôtte incomode, qu'elle a néanmoins apelé, désiré, même acueilli, plus cruelle que les bêtes feroces, on le livre à une autre marâtre qui trafique à son profit le bien propre de son anfant. On expose santé, vie, celle de deux inossants qu'un lait même meilleur an soi, mais point analogue peut faire périr ; on hazarde un change moins dénaturé que l'abandon, ou d'inserer des vices, au moins des santimants abjets dans l'éritier d'un grand nom. Ils coulent avec le lait dans les veines. C'est le bon ton, d'ètre sans naturel, barbare, paricide, étonez-vous héros de renaître dans des Tersites. Tout reçamant à Naples, une famme pauvre avoit pour tout bien une truie & sa portée, elle an vand les petits pour du pain, elle donne leur lait à son anfant. Il croit, il dispute aux pourceaux leur pature. Un coup de leurs défanses débarasse l'umanité d'une ressamblance onteuse.

L'istoire nous a conservé que la grande Batilde qui montra dans sa

Rejance des vertus ſi roïales, à qui la France dut à mon gré le plus grand des héros, juſque dans ſes maleurs, l'arbitre des Rois, l'immortel Saint Louis, cette vraïe Mere ne put lui ſoufrir le Lait d'une Dame de la Cour, qu'elle lui avait fait prandre pandant un moment d'abſance de la Reine.

Vainemant dirait-on que les mœurs faſtueuſes

& désordonées des Cours & des Villes se changent eureusemant avec des santimauts plus simples, les deffauts analogues à l'Etat, sont moins déplacez que de [sausses vertus. On demande une atestation de Medecins pour examter d'une abstinance qui n'est pas méritoire dès qu'elle est forcée, & qui n'a d'autre bien quie d'éviter le scandale, si la revolte ne l'augmante pas, il ſerait bien plus digne de la police d'an exiger une qui constatat la maleureuſe impoſſibilité de continuer d'être mere : An ce cas, un Païen demandait un examen plus ſcrupuleux de la pureté des mœurs de la nourrice que de la bonté de ſon lait.

Otons donc le droit de bourjoiſie à la mere & à l'anfant qui ne le raportera pas à moins que ſes mœurs & ſes inclinacions marquées, s'anoncent que l'imprudance de ſes parants.

Un peuple voiſin de notre continant, ne conait tout policé qu'il ſoit, ainſi que les peuples barbares, dit notre vanité, l'anmaillotage que comme un remède à la défectuoſité, non comme une précaucion générale, qui comme toutes les autres, dérange

souvant

ſouvant plus qu'elles n'arangent la nature. Ces bandelettes ſerées gênent la circulation, s'opoſent à la tranſpiracion ſi néceſſaire dans un âge ou la gourme gluante pour épaiſſir les liqueurs qui doivent operer la croiſſance angluerait le ſang ſi le ſuperflu s'i refluait. Les parties de feu néceſſaires pour déterminer la circulacion, ne trouvant point d'obſtacles dans un air extérieur trop rarefié par la chaleur, abandonnent librement le foïer qui s'éteint: La tête par la même fýsique trop couverte, le sang se refroidit dans les vaissaux capillaires; Les animaux parmi lesquels il n'an est de contrefaits que ceux qui le naissent ne conaissent ni baleines amprisonantes, ni ligatures enchainantes. &c.

Ch. IV.

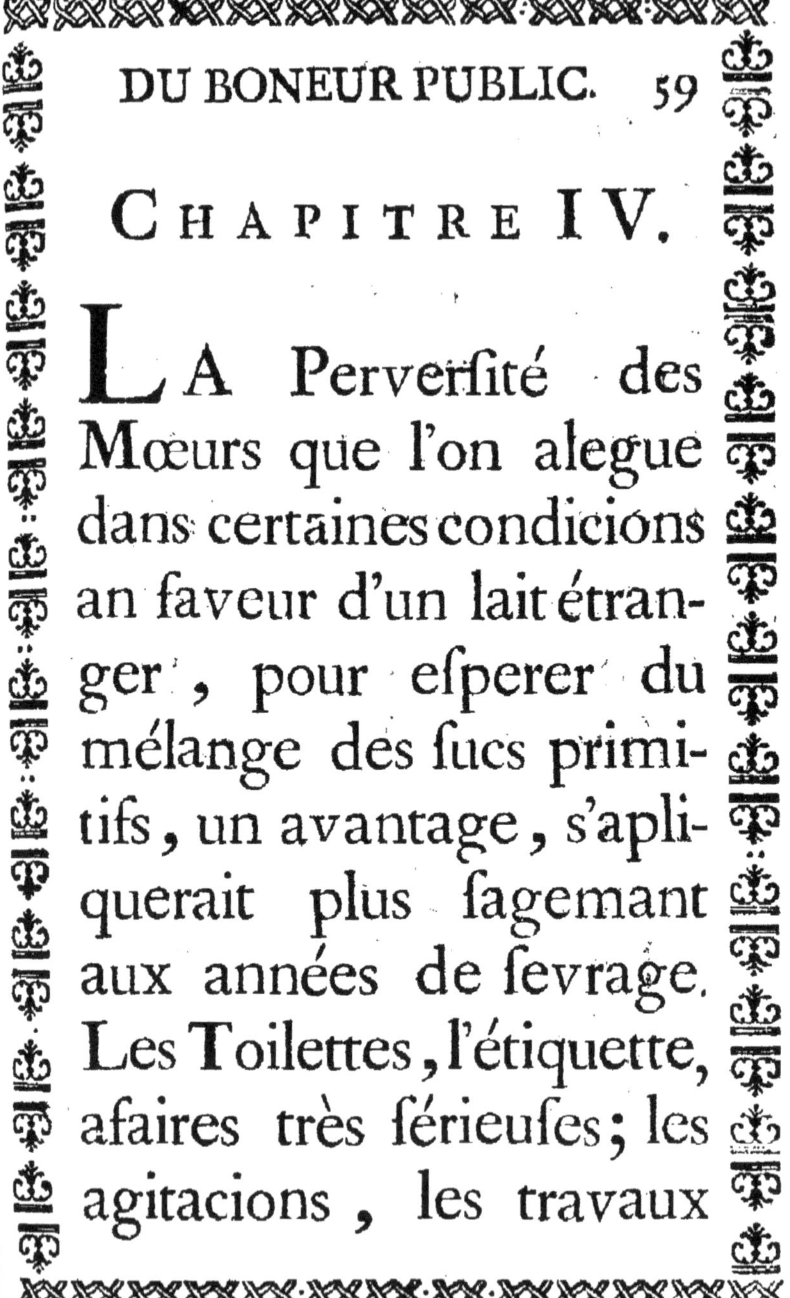

CHAPITRE IV.

LA Perverſité des Mœurs que l'on alegue dans certaines condicions an ſaveur d'un lait étranger, pour eſperer du mélange des ſucs primitiſs, un avantage, s'apliquerait plus ſagemant aux années de ſevrage. Les Toilettes, l'étiquette, afaires très ſérieuſes; les agitacions, les travaux indiſpanſables, peuvent nuire à l'âge le plus important de tous, où les organes prenent conſiſtance qu'un vivre trop ſucculant ou trop délicat, moins conforme à la nature qu'à l'uſage, peut déranger. Deja, les muſcles & l'ame comancent à s'aſſurer.

La langue bégaïe & les oreilles s'ouvrent, les idées ſe forment. Il ſerait peut-être auſſi dangereux que les premiers regards viſſent ſur la morgue des grands que la groſſiereté du bas peuple. Les tapis de Perſe ont leur ſouillure ainſi que la fange. Les premiers ſons que recevrait l'ame, i tranſmettraient leurs préjugez & leurs vices.

D'ailleurs trop ocupez du céremonial important & des afaires étrangeres, ils ſongent aux leurs? Des Domeſtiques ſupléent mal. Cet âge plus précieux que celui qui comance, L'Umanité demande bien d'autres ſoins. Il lui faut des ſages choiſis dans l'un & dans l'autre ſexe.

Une des atteſtacions du vrai politique, eſt une maiſon de ſevrage, au moins pour la pauvre Nobleſſe qui s'eſt ruinée au ſervice de l'Etat, & qui n'a pu laiſſer que des examples à ſuivre. Elle eſt née pour les grands Rôles, & pour paraitre. Elle doit être un bon modéle.

C'eſt la tête de l'Etat. Le conſeil de ſanté du chef doit le régimer. Les attancions demandées pour le berceau, redoublent. Les deux ſexes faits pour s'unir, & perpétuer le boneur du peuple, an ſont l'eſpérance. On ne peut trop la réaliſer. Un même toit abriterait bien ces éducations diſtinguées, qu'il ſeroit à ſouhaiter que l'aliance reproduiſit, & les fruits que l'on an doit attandre*, lorſque les ſoins des aziles que l'Etat leur ouvre auront perfectioné ce premier âge.

Il n'eſt rien ſans inconveniants & ſans mélange. La ſeule balance décide la ſomme du bon & du mauvais. On ne

peut

peut nier l'avantage d'une éducation formée par des mains éduquées & nobles. Elles ont néanmoins leur defaut, le caractère de la vraie & grande noblesse est une aménité supérieure. Est-elle toujours une expression sincere de leur umanité, de leur modestie. Acoutumée aux égards, à la flaterie, à la dominacion; éblouie de certains avantages qui ne ſe trouvent point dans les condicions inferieures, elle ſe fait un merite perſonel de celui des héros dont on n'a ſouvant que le nom & les armes. Cet orgueil qui tranſpire, infecte ou augmante la vanité naturelle. Ces jeunes ames prenent pour élevacion la ſuperbe & l'arogance, plus ordinaire au ſexe & aux eſprits faibles, qu'aux genies mâles, & à ceux dont les échaſſes ne ſont point la grandeur. Il n'eſt rien de plus bas & de plus rampant que l'orgueil, quand ſon intereſt le demande. Il ſe laiſſe fouler aux pieds pour marcher peu ſuremant ſur la tête des autres. Le plancher eſt inſtable & l'indignacion impaciante de ſe décharger du poids d'une maſſe acablante, ces coloſſes tombent ſouvant. On s'an écarte co-me l'on ferait d'une bête farouche. On craint, & l'on an a lieu, quand on se fait craindre. On est meprisé quand on s'estime trop. Il est sûr que l'on n'est pas aimé. Le faste peut-il consoler de cette perte, & l'erreur flater un cœur vraimant genereux. On vante autant la mo-destie & la simplicité du grand Turenne, que tous ſes talants guerriers. La bouſiſſure n'eſt pas anbonpoint. J'aficherais ce mot à tous les chevets, même à ceux des préposez à l'éducation. &c.

CHAPITRE V.

ADOLESSANCE.

ANFIN notre Jeunesse prand croissance, elle panse & sant plus librement & plus distinctemant. Il est tamps de donner de l'exercice à touttes ces faculrez. Le sang est ancore chargé d'umeurs trop abondantes, comme sont tous les dons de la riche & liberale Nature qui pour exercer notre petite intellijance, nous laiſſe à parachever l'ouvrage. Le ſomeil les épaiſſit pour an former les organes. Mais, SEPTEM DORMIRE SAT EST, JUVENIQUE SENIQUE. Sept heures de repos ſufiſent à tout âge. Dix ne ſont pas trop, pour faire tranſpirer l'excedant des liqueurs qui ne formerait an ſe coagulant

gulant, que de maſſes lourdes & nuiſibles à l'activité de l'eſprit, & ſept autres ſerviront à délaſſer le corps des exercices qui lui convienent, an formant l'ame tranquillemant.

Il faut tenir alerte la Jeuneſſe pour dénouer les mambres. C'eſt l'intancion de la nature. Elle fait bondir ou voltiger les jeunes animaux dans les aux, les prez ou les airs.

Ces exercices du corps tiendront des travaux pour les mâles, & la danse, la musique, la pinture divertiront le sexe annuïé des ouvrages de l'éguille &c. dans un naturel privilegié. Les arts aimables sont l'apanage du sexe aimable. Les charmes sont ses armes Ils ne doivent être ces jolis talants que les amusemants du nôtre ; Il faut à nos nerfs le fleuret & l'équitacion. Un fort nageur vaut mieux qu'un bau danſeur.

Les arts utiles que la fyſique & les matématiques anſeignent, ſont bien préférables aux vieilles grand meres : d'excellantes traduccions ont reſſuſſité les anciens précepteurs d'un Janre Umain. Nous traitons avec les vivants. Revons avec eux le moins frivolemant qu'il ſe peur, pendant la courte nuit qui nous doit amener le grād & le vrai jour de l'Eternité La jeuneſſe an doit être ocupée. Elle eſt très-affectée du crepuſcule, & dans l'obſcurité qu'augmantent les fumées d'un ſang boüillant elle perdrait de vue l'immortalité.

Si le Sacerdoce inſtructeur ſacré, dont la miſſion a des graces ſpéciales, composez de respectables Vieillards ordonez à 40 ans, pour qu'ils sachent ce qu'ils doivent anseigner, πρεσβυτεροι SENIORES, & sur tout prêcher d'examples, s'ils savẽt plus de religion que de scolastique, ils feront sãtir à nos jeunes éleves que ce qui distingue l'espece umaine des autres animaux, c'est l'idée d'un Dieu, qu'ils n'ont point, mais la nôtre, parce qu'ils ont été créez pour nous, comme nous le sommes pour Dieu: Que cette vue de la Divinité n'a pu nous être donée, que pour lui reporter d'une main avec amour & gratitude, tout ce qu'on reçoit de l'autre, an la maniere qu'elle marque, par le Médiateur dont l'essance lui met un pied dans le Ciel, & son Incarnacion, l'autre sur la terre, qui seul pouvait par ſon infinité ſatisfaire à l'Infini, ſupléer à notre fini, pour nous placer an nous incorporant à ſa Perſonne, (elle ſeule à l'antrée du Ciel) à côté du Dieu ſuprême; Que juſqu'aux rigueurs du culte, elles ſont même le boneur préſant, une vie dure ocupée & laborieuſe étant bien ſalubre. C'eſt l'abregé ſuffiſant du Catolicisme, dont le cœur mieux que l'eſprit

& l'étude, composera des Panegyriques, des Carêmes & des Avants solides, sans faire d'opinions differantes, des guerres de Religion.

Le Vainqueur des Gaules, que la belle infidele de Vaugelas & l'exacte Amelot ont fait parler Français, nous aprand que nos Ancêtres qui devenus Omes, & comandez par des gueriers, ont été les Vain-

queurs

queurs de leurs Vainqueurs énervez par les délices de la Perse, qui les subjuguerent à leur tour, étaient lavez dans la Seine à l'instant de leur naissance. Ils devenaient un acier trampé qui ne s'apercevait point des rigueurs de leurs hiverts, dont les glaces n'étaignaient point les ardeurs qu'antretient l'accion, qu'animait le courage infatigable.

Une Mere qui ne s'écoutait pas, & moins ancore les pleurs anfantines de la molesse a fait meriter à son fils, un someil plus dur que les caotemãs de la poste par une fatigue utile, elle procure un apeti dont un vivre simple & frugal est mieux assaisoné que par tout l'art des savoureux, mais anpoisonants Comus. Quatorze lustres & bien des traverses, n'ont pu détruire une ſanté que la ſobrieté rand vigoureuſe. Ce fils vieillirait comme ſes peres, s'il retrouvait ſes traits dans ſa race, comme il a les leurs. L'eſt-elle? Il a droit de ne la méconaitre, & de ne lui laiſſer que ce que les loix conſervent au préjugé. Ceci n'eſt pas clair: mais on ne veut être antandu, que de ceux qui ſavent ce qu'on voudrait laiſſer ignorer. Il importe néanmoins que nos Adolessants sachent que les peres sevissent par devoir, pour ne point prandre part scandaleusemant au succez, de forfaits ancouragez par l'impunité. Les rides se creusent par le chagrin que la filosofie ne peut que moderer. Les ieux éteints ne laissent plus voir que le terme prochain des peines. On verait moins son âge si

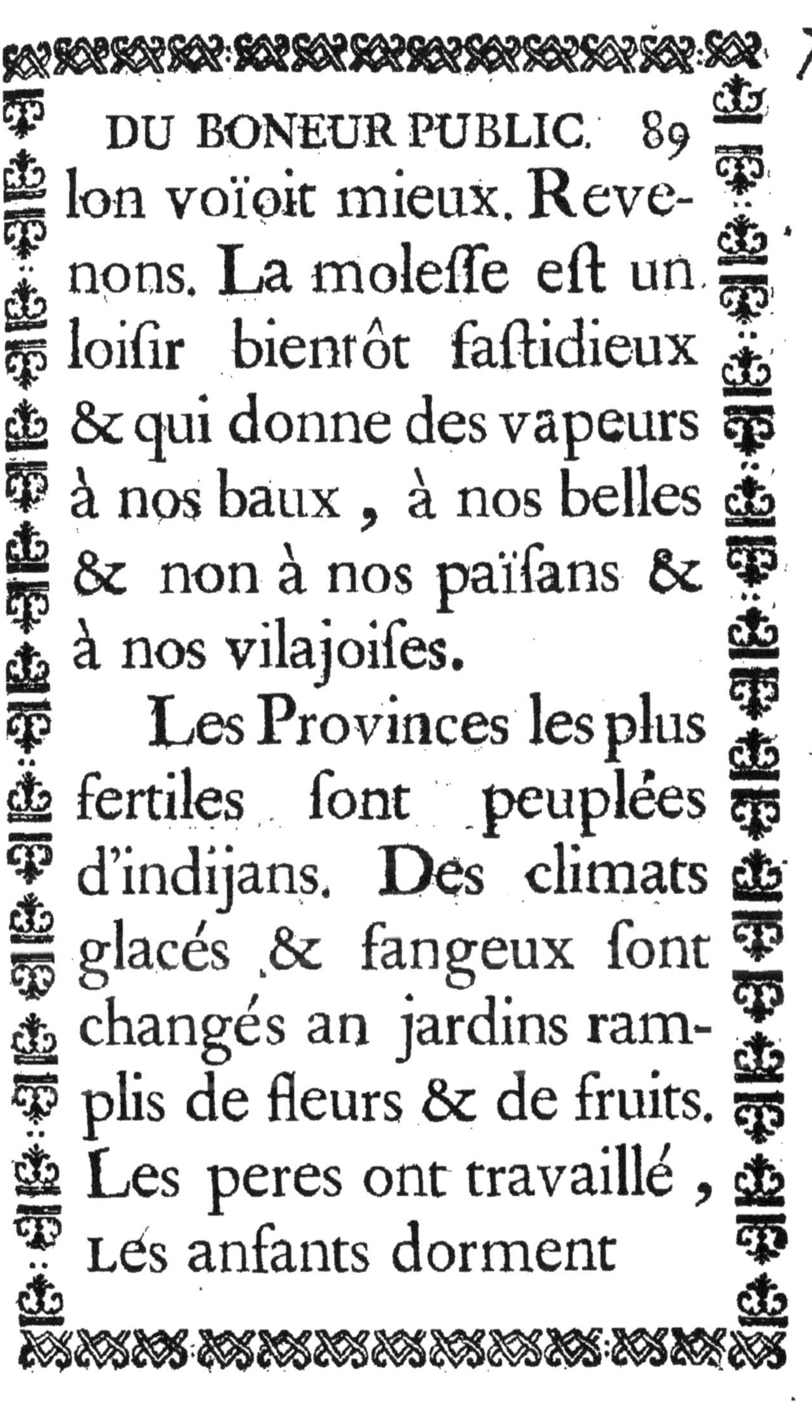

lon voïoit mieux. Revenons. La molesse est un loisir bientôt fastidieux & qui donne des vapeurs à nos baux, à nos belles & non à nos païsans & à nos vilajoises.

Les Provinces les plus fertiles sont peuplées d'indijans. Des climats glacés & fangeux sont changés an jardins ramplis de fleurs & de fruits. Les peres ont travaillé, Les anfants dorment

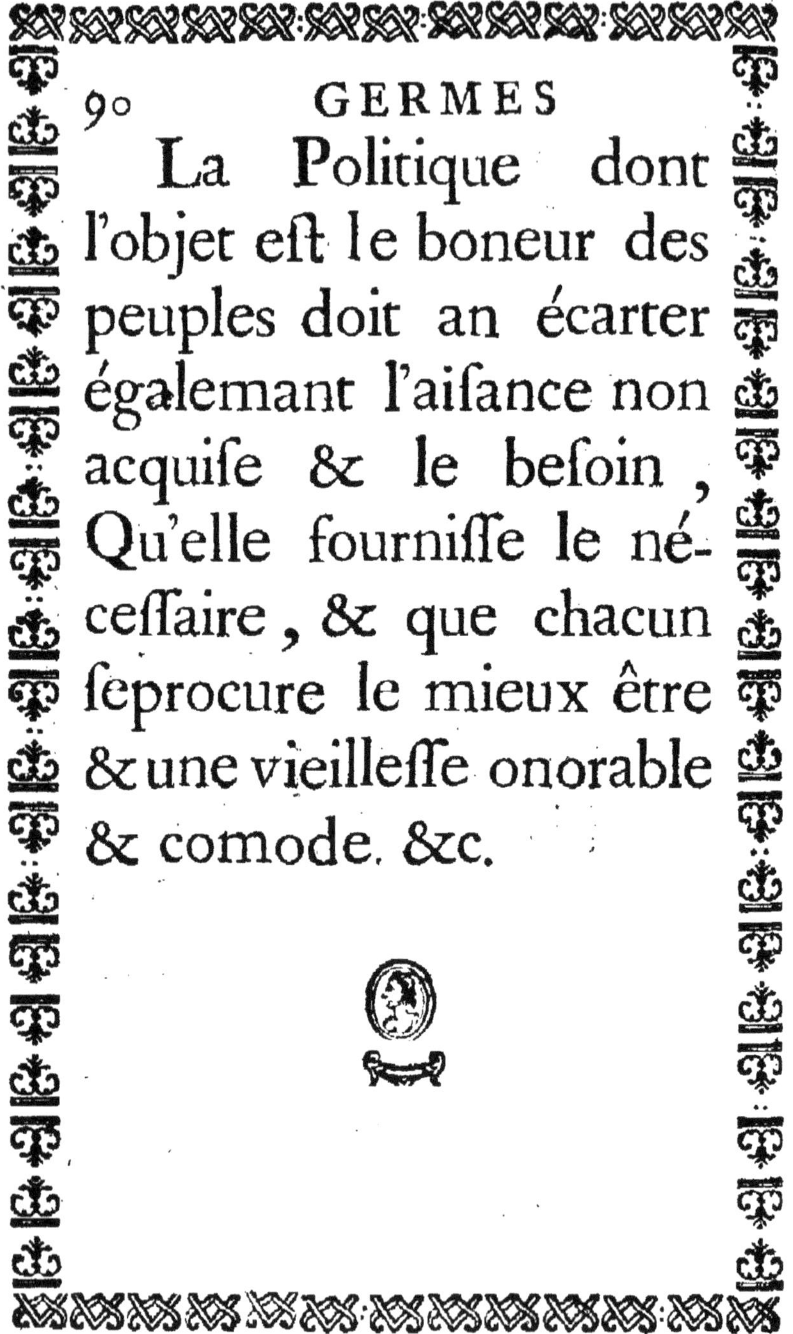

La Politique dont l'objet eſt le boneur des peuples doit an écarter égalemant l'aiſance non acquiſe & le beſoin, Qu'elle fourniſſe le néceſſaire, & que chacun ſeprocure le mieux être & une vieilleſſe onorable & comode. &c.

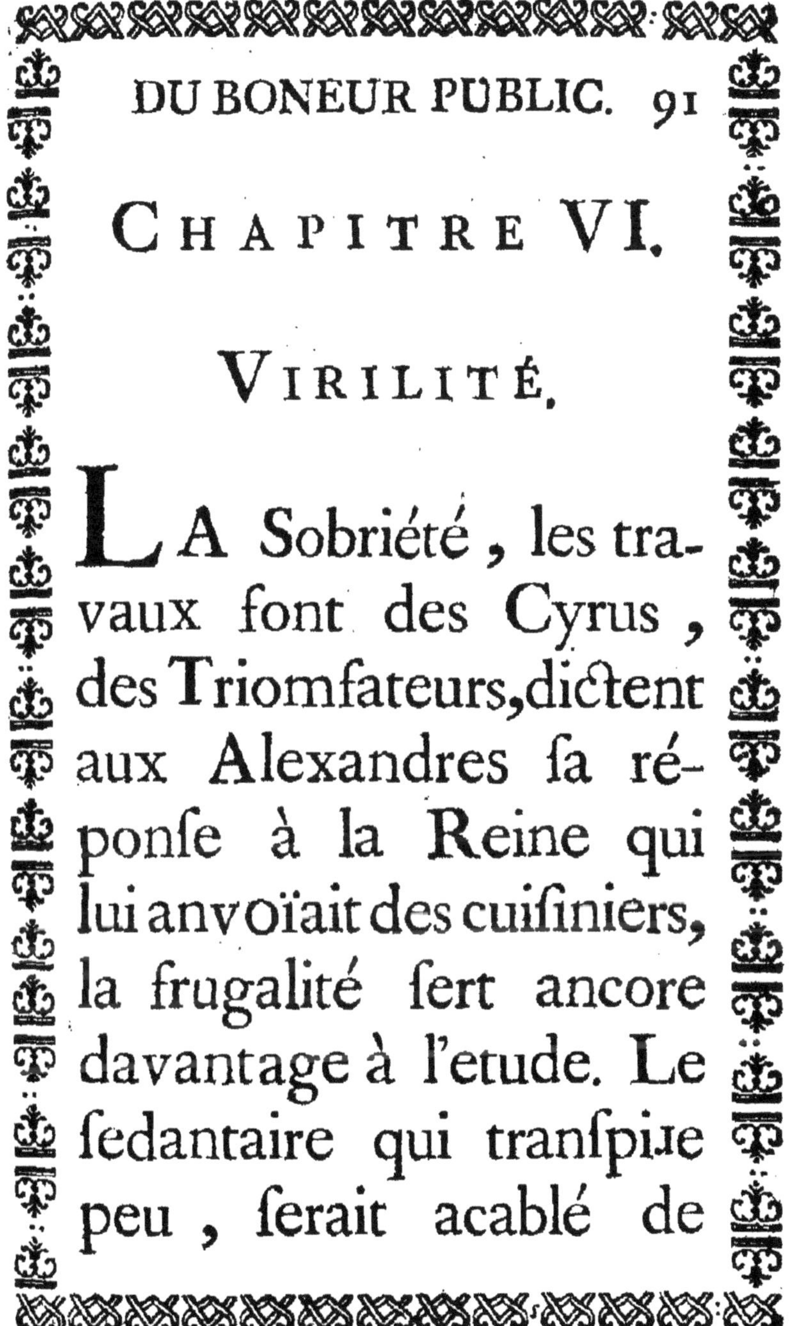

CHAPITRE VI.

VIRILITÉ.

LA Sobriété, les travaux font des Cyrus, des Triomfateurs, dictent aux Alexandres sa réponse à la Reine qui lui anvoïait des cuisiniers, la frugalité sert ancore davantage à l'etude. Le sedantaire qui transpire peu, serait acablé de

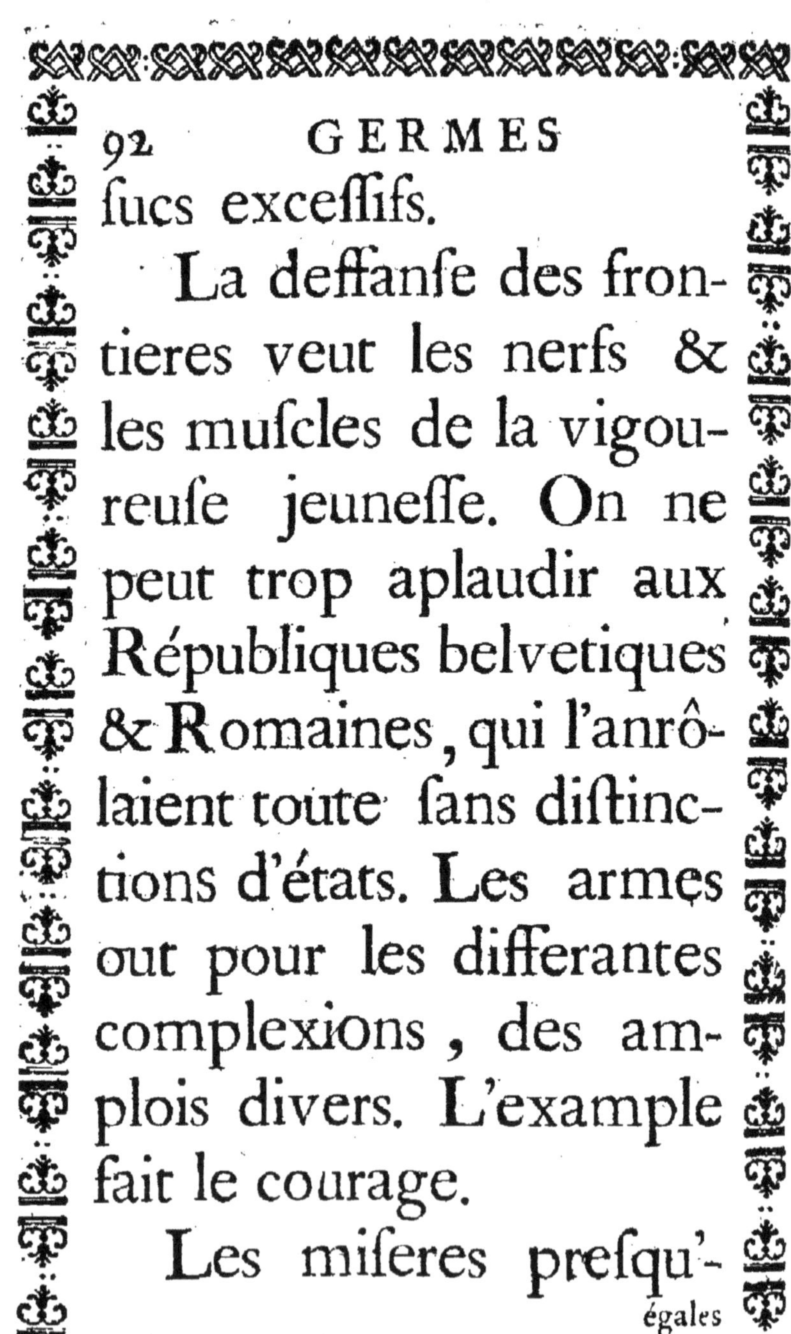

ſucs exceſſifs.

La deffanſe des frontieres veut les nerfs & les muſcles de la vigoureuſe jeuneſſe. On ne peut trop aplaudir aux Républiques belvetiques & Romaines, qui l'anrôlaient toute ſans diſtinctions d'états. Les armes out pour les differantes complexions, des amplois divers. L'example fait le courage.

Les miſeres preſqu'-

égales

égales des vaincus & des vainqueurs acourcissent heureusemant ses massacres & ses dévastacions, mais il faut être toujours préparé. Les secours que les Romains donaient à leurs Aliez, quand ils n'avaient point de guerre personelle, aprenaient presqu'an tout tamps à la Jeunesse à manier les armes. Les instants que restait fermé le Tample de Janus, n'angourdissait pas. Des Aqueducs, des Voies, des Arcs de Triomfes, dont il ne reste plus que les décombes, (on les va voir, on les admire, leurs successeurs les montrent) antretinrent ses forces tant qu'elle eut des Chefs propres à comander à des braves.

Il est une nation belle & courajeuse qui s'éforce de secouer un joug onteux pour conserver ses bautez profanées à la luxure d'un desposte, pour des alliances onêtes, quelqu'éloignez que soiēt ces climats, tous sont les domaines de la déf-sanse, laissons i courir nos ardans volontaires. Donons leur même pour leur voyage le pain que nous conservera leur ab-sence. Ils nous raporterōt volontiers des bautez & un courage instruit.

On ne s'enchaîne point de gaité de cœur,

c'eſt la force qui fait des captifs ? Elle an peut rompre les chaines. Un peuple ſerait-il de pire condicion qu'un valet ? auquel il ne ferait d'autre tort que de ne le plus ſervir malgrè ſoi, ne pourait ſe plaindre qu'il s'établiſſe. Toute révolte n'eſt pas rébellion. Une puiſſance qui changerait le Gouvernemant n'en pourait accuſer les déffanſeurs de l'ancien : Ceux-ci sans éfraier la politique pouraient espérer des secours. Un Gouvernement sage atache come on doit l'être à la sagesse Le mieux même antrevû l'espera-t'on, detruit souvant le bien, établi plus suremant que l'idéal.

Les Croisades si peu du goût irréligieux, tant sansurées par des esprits superficiels & peu conséquants, qui n'aprouvent que le succez, qui confondent le projet & l'exécution, qui s'extasient sur la bonne fortune d'une guerre dont le prétexte serait la réclamacion de possessions cédées*, & qui blament la protection, qu'un Prince donerait à l'umanité pour l'arracher au despotisme destructeur des loix naturelles & du droit des jans, an comblant d'éloges néanmoins, les prises que fait une réligion noble, toujours an guerre avec lui, contradiccions palpables, voilà des écoles immanſes ouvertes à la bravoure, dont l'objet ne ſerait point d'exterminer les colons d'un monde nouveau, pour piller ſes tréſors an perdant les productions patriotiques & naturelles. C'eſt de l'ouvrage taillé juſqu'au huitieme luſtre; on eſt comptable à l'état du païemant des avantages qu'il nous procure, tant que l'on a de quoi païer. A quarante ans on eſt ancore moins propre au Dieu Mars qu'à l'Amour, de la milice duquel néanmoins un bel eſprit Romain, des ſiecles où la vigueur devait être deja bien énervée, diſait, NOLI SUSPICARI CUJUS OCTAVUM TREPIDAVIT ÆTAS CLAUDERE LUSTRUM. Jaloux, ne ſoupçonez

pas

pas le huitieme lustre deja tramblotant.

On peut s'acquiter de ce que l'on doit à la patrie an monaie differante. Précipiter des marches longues & fatigantes, voler d'escadrons an escadrons, c'est le jeu d'un courage alerte ; mais quand l'ame est montée des pieds, à la tête & qu'elle i loge, il est rare que les bottes, la celle & la pioche trouvent assez

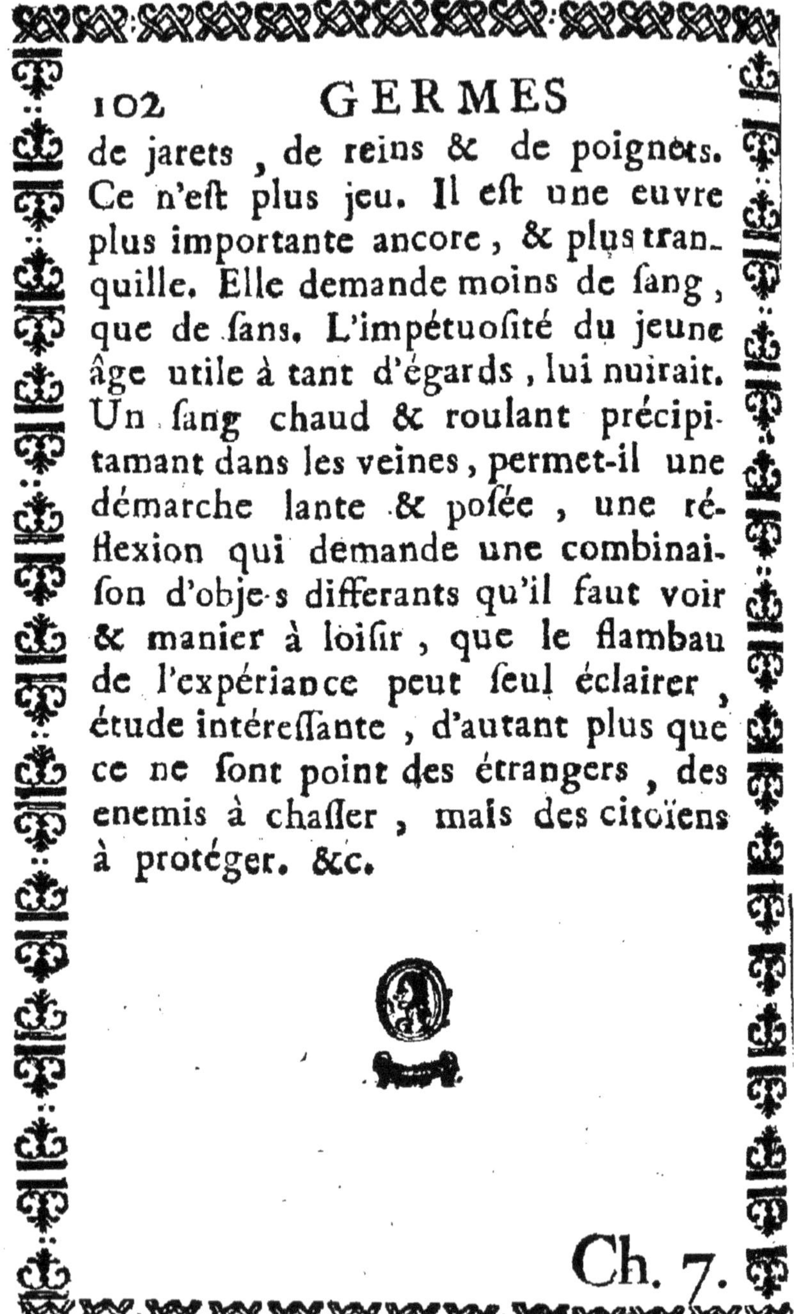

de jarets , de reins & de poignets. Ce n'eſt plus jeu. Il eſt une euvre plus importante ancore, & plus tranquille. Elle demande moins de ſang, que de ſans. L'impétuoſité du jeune âge utile à tant d'égards, lui nuirait. Un ſang chaud & roulant précipitamant dans les veines, permet-il une démarche lante & poſée, une réflexion qui demande une combinaiſon d'objets differants qu'il faut voir & manier à loiſir, que le flambau de l'expériance peut ſeul éclairer, étude intéreſſante, d'autant plus que ce ne ſont point des étrangers, des enemis à chaſſer, mais des citoïens à protéger. &c.

GERMES

DU BONEUR PUBLIC.

CHAPITRE VII.

MATURITÉ.

LEs Ages qui ſe ſuccedent nous changent & ne nous renouvelent pas. Le corps s'afaiblit. Ses reſſorts ſe ſechent. Les forces de l'ame augmantent; la fortune doit être faite, & les goûts fixez. On ne ſoupire plus qu'après le repos. Il ne doit pas être oiſiveté. L'on a vu. Les évenemans dont on fut le temoin inſtruiſent mieux que les livres, toûjours peu certains ſouvent infideles, & qui ne craïonnent que leur ſiecle, Ils n'ateſtent que ſon génie; & le nôtre peut-être fort diferant. C'eſt celui néanmoins que doivent ſavoir & juger nos Tribunaux de juſtice.

Il eſt auſſi pour l'ame des maladies épidemiques. De tamps an tamps les ſymtomes varient. Les traitemants doivent changer.

Les paſſions ſont toujours renaiſſantes; toujours an armes, mais plus ou moins aigues ſuivant leurs diferants ages, & leurs diverſes ataques. De là cette varieté de loix, dont la multiplicité néanmoins ne formerait pas d'immanſes volumes ſi de bons extraits ne nous an conſervaient que l'eſprit. Elles ſont un bouclier, mais toûjours d'uſage, parce que ces guerres inteſtines ſont ſans tréves, il ne faut pas qu'il ſoit accablant. Donnons-leur des organes dignes d'elles.

Aprés avoir gagné l'afection des peuples par des ſoins afectueux, Les loix doivent être la premiere attancion du Legiſlateur.

La Magiſtrature eſt par état réprimante. Elle juge le camp même. Elle ne doit pas être composée d'une adolessanse à refrener. Mais si l'âge mur a plus de sans que les précedants, il a moins de mémoire, & combien an faut-il pour une foule de loix, que l'on n'aprand point an ferraillant & an courant le monde.

Abrejons le Code an le randant plus utile ; formons le succint du Recueil des Arest lumineux, & motivons les. Il ne convient pas même à la justice la plus imperieuse de ne point parler raison. Ceux qui ne l'antandront pas n'an seront pas moins dominez.

Composons un Senat véritable d'une Noblesse agée de 40 ans. Elle sera vénérable expérimentée & nombreuse, pour être onorée éclairée an force contre la seduction.

Elle doit étre opulante pour étre intégre & reputée-telle. On eſt tanté de vandre la juſtice après s'etre oberé par l'achat du Droit de la randre, & d'an ſoutenir l'eclat néceſſaire pour impoſer ſans armes à la multitude.

A la vérité dans les compagnies les plus nombreuſes, l'areſt n'eſt ſouvant que l'avis de deux ou trois, qui par plus de reflexion, an débaraſſent leurs jeunes Confréres tout occupez des moïens de diſſiper les finances qui leur ont acquis les privileges de la Magiſtrature; Les travailleurs an ſont devenus les oracles, tribut d'eſtime ancore moins couteux à l'orgueil, que l'étude ne l'eſt à la pareſſe. La poligarchie ſe réduit à l'oligarchie.

Ces Aigles qui ne peuvent néanmoins voler que juſqu'aux nues, & non les percer, ont ſouvant capté par quelques talants plus brillants que ſolides la confiance du peuple de la Compagnie, ou n'eſt-il pas? Un grand Jugeur n'eſt pas toujours un bon Juge, & raporter beaucoup n'eſt pas aiſement raporter bien. Ils ſont dangereux par leur réputacion même, elle prévient & ſéduit une jeuneſſe acoutumée à les répeter. La pluralité des voix rand l'areſt l'ouvrage des écos. Ils ſont nombrez non peſez. Chaqun des Opinants eſt comptable de n'avoir point balancé par lui-même les opinions. Le bonet ignore quelquefois celle qu'il adopte an la ſaluant : Quelque leger que ſoit l'avis, il écraſe.

Moins diſtraits par ce que l'on nome plaiſirs, ou par leurs projets, nos vrais Sénateurs, *ſenes*, an nombre aux audiances, parce qu'ils ne courront point le lievre ou la biche, ſeront plus attantifs, & moins aſſoupis qu'une jeuneſſe dormeuſe, parce qu'elle eſt éveillée, & qu'elle a ſauté toute la nuit aux bals. On n'i véra point trois Juges attandus bien des mois, anhardir par le ſuccez l'avidité d'un Artiſte qui met à contribucion la bonne foi qu'il croit aiſée ; ainſi qu'il parait par le Mémoire ſuivant que je raporterai tout antier. Il fit plus d'oneur à l'Auteur que de profit au Plaideur.

On ne doit jamais ſe plaindre d'un livre annuieux. Que ne l'a-t-on quitté. S'an offancera-t-il ? Son Auteur qui n'an ſaura rien, n'an ſera pas moins contant de lui-même. L'umeur du critique s'aplaudit de ſon bon gouſt. Cela n'a-t-il pas ſa douceur ? Il injurie bravement ſans riſque, & ſans égard à la bonne intancion, des miſérables qui ont perdu pour lui veilles, ancre & papier. Lecteurs baux esprits, troquez ce volume, une brochure fastidieuse est un gros volume, avec des ineptes qu'amusent les sotises. Ils doneront volontiers le bon ouvrage qui ruina le Libraire de Rabelais, pour son joli Pantagruel, dont j'avoue que je n'ai pas l'esprit de santir le sel merveilleux, tout le mérite rare & la fine facecie.

L'Auteur le plus fallot
Est ancore admiré par un Lecteur plus sot.

Un chardon est du goust d'un ane, & non la péche & la prune la plus suculante. Il est des antichambres où les cartes n'amusent pas toujours. Il est meme des cabinets bien dorés où le calcul a rassemblé par hazard de bon livres. Cherchez-an

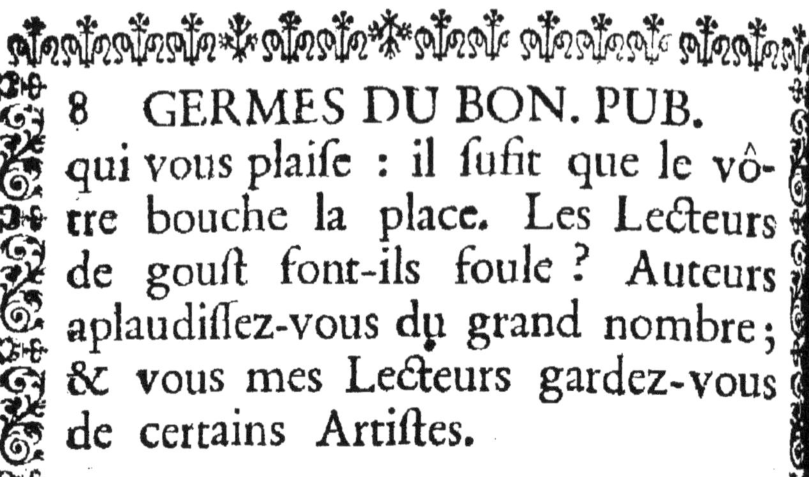

qui vous plaiſe : il ſufit que le vôtre bouche la place. Les Lecteurs de gouſt ſont-ils foule ? Auteurs aplaudiſſez-vous du grand nombre ; & vous mes Lecteurs gardez-vous de certains Artiſtes.

CHAPITRE VIII.

MÉMOIRE

INTÉRESSANT L'ORDRE PUBLIC

POUR Monſieur DE P   Conſeiller du Roi en ſes Conſeils &c.

CONTRE le Sieur B   Toiſeur.

L'INTÉRET public eſt l'objet du Magiſtrat, Sa gloire eſt d'appliquer les Loix dont il eſt l'Interprête, ſelon leur eſprit; C'eſt le bien de la Société. Il en eſt membre, elle eſt jalouſe de l'avoir pour Arbitre, elle ne lui préferera point des Experts jurez.

La bonne foi n'évite pas toujours les mauvaiſes conteſtations; la probité peut même y expoſer. On ſe décide ſur les démarches des autres par la conduite réguliere qu'on ſe plaît à obſerver ; & comme on ſe reprocheroit juſqu'à l'apparence de la ſurpriſe, on n'imagine pas qu'on doive être en garde contre ſes fineſſes. La défiance eſt trop injurieuſe à l'humanité.

Cependant M. de P éprouve que la confiance devient une ſource de déſagrémens. Le ſieur B a regardé ce Magiſtrat comme un homme facile, qu'il pouvoit tromper par ſes ſoupleſſes, & qu'il mettroit à contribution avec impunité. Le vœu des conventions impoſoit en vain ſilence à l'avidité du ſieur B Il a ſacrifié ſes engagemens à l'intérêt ſordide qui dirigeoit toutes ſes actions : ainſi livré à des idées ſéduiſantes, il les a placées au rang des moyens déciſifs ; mais l'erreur & la Mauvaiſe foi n'ont point d'azile dans le temple de la Juſtice & de la Vérité.

M. de P ne craindra point de

combattre un ſiſtême que la manœuvre acompagne, & que ſa propre defectuoſité doit anéantir. Il eſt intéreſſant pour l'ordre public qu'il y ait des hommes qui oſent s'élever contre l'artifice & réſiſter à ſes progrès. S'il défendent leurs intérêts particuliers, ils ſtipulent en même tems céux de la Société, d'autant plus dignes de protection, qu'ils préférent les dégoûts inſéparables des conteſtations à une tranquillité qui permettroit à la ſurpriſe de s'établir ſur les ruines de la candeur & de la bonne foi.

FAIT.

Le premier Mars 1750, M. de P   acheta une Maiſon & un Jardin, ſitués dans un des Fauxbourg de Paris.

Il imagina des changemens pour l'ordonnance du Jardin. Il communiqua ſes idées à quelques amis; & pour les rendre plus ſenſibles, il demanda un

Deſſinateur au Maître Maçon dont il ſe ſervoit depuis long-tems. L'objet de M. de P étoit de faire travailler ce Deſſinateur ſous ſes yeux. Il ne s'agiſſoit que de ſaiſir des idées déja formées, & de leur donner une eſpéce de corps, en les réaliſant ſur un plan exact & figuré.

Le Maître Maçon préſenta le ſieur B il faiſoit ſes Toiſés : les Ouvriers ne le connoiſſent qu'en qualité de Toiſeur. Il en parla comme d'un homme qui méritoit la confiance la plus entiere.

M. de P l'inſtruiſit de ſes projets. B fit l'arpantage de la Maiſon & du terrain. Il en traça une eſquiſſe au crayon. (*)

M. de P croyant le ſieur B ſuffiſamment au fait de ſes

---

* L'ouvrage n'étoit pas conſidérable, puiſque la totalité de ces objets ne contient que trois arpens au plus.

idées, lui demanda un plan lavé de deux pieds, ſur dix-huit pouces. Il lui en montra un modéle. Cette dépenſe étoit d'un Louis. (*)

Tel étoit exactement le travail que M. de P exigoit du ſieur B La Cour eſt ſupliée de vouloir bien faire attention à cette circonſtance, Elle eſt déciſive dans la conteſtation.

Le ſieur B ayant laiſſé paſſer quelques mois, ſe tranſporta chez M. de P. mais ce ne fut point pour rapporter le plan lavé confié à ſes ſoins. Un projet plus lucratif ſaiſit ſon eſprit. Le ſieur B avoit ſubſtitué au plan d'un Louis, qu'il devoit faire, un modelle en élévation *qui ne lui avoit pas été commandé.* Il annonça qu'il travailloit à cet ouvrage, qu'il étoit déjà

* M. de P l'a fait faire pour ce prix par un véritable Architecte, & qui prouve bien ce titre par le premier prix qu'il a remporté à l'Académie Royale, par quatre ans d'études faites en conſéquence à Rome, & par ſa réception en pluſieurs Académies d'Italie.

fort avancé, qu'il seroit d'autant plus satisfaisant qu'on y feroit sans difficulté les changements & corrections qu'on jugeroit à propos.

M. de P représenta au sieur B qu'il ne lui avoit demandé qu'un simple plan lavé, que le modéle dont il s'agissoit couteroit peut-être davantage, & qu'ayant borné sa dépense, il ne vouloit point s'exposer à une augmentation contraire à ses arrangemens. Le sieur B affectant alors une ingenuité apparente compagne trop ordinaire de l'artifice, repliqua à M. de P que toute son ambition étoit de le contenter, qu'il n'entendoit point le constituer en dépense, & que d'ailleurs l'ouvrage n'étant point pressé, jamais il n'y auroit de dispute sur le prix.

M. de P convint que l'année du retrait lui donnoit le tems d'attendre la commodité du sieur B l'Artiste le plus employé n'a toujours que trop d'heures ingrates ; mais il insista pour savoir combien on lui feroit payer sa complaisance d'acheter un modéle dont il n'avoit pas besoin. Le sieur B parut s'offenser de ses instances. Il assura qu'il travailloit moins pour son intérêt que pour sa gloire. Il déclara qu'il alloit continuer son ouvrage, & que M. de P seroit le maître du payement.

Séduit par ces belles paroles, M. de P consentit, que B achevât le modéle commancé ; mais il avertit en même-tems qu'il ne se prêtoit à l'accepter que sous la condition expresse, qu'il ne couteroit pas beaucoup plus que le plan lavé. Le sieur B ne reclama point contre cette condition. Elle fut le principe de son travail. Elle devoit être parconséquent la regle du prix. Dans un engagement conditionel, on ne peut séparer la conditon de l'engagement.

M. de P se transporta plusieurs fois chez le sieur B pour voir le progrès de son ouvrage. Le ſieur B occupé de ſes affaires y employoit tous les jours de travail : on ne le rencontroit que les Fêtes & Dimanches : preuves ſenſibles qu'à la confection de ſon modéle , il ne donnoit que ſes heures perdues. Il l'établit lui même par les mémoires de ſes prétendues vacations puiſqu'il en place le commencement au mois d'Aout 1750 , & qu'il en indique la fin au 31 Janvier 1751.

Au commencement de cette année , M. de P demanda au ſieur B ſon modéle pour huit jours Comme il n'étoit pas encore achevé , M. de P vouloit l'examiner & le faire voir , afin de marquer les changemens s'il y en avoit. On ajouta une terraſſe devant la Maiſon. Ce fut un ſimple carton de plus.

Ce modéle fut enfin apporté à M. de P Il étoit fort éloigné de la perfection ; mais comme il rendoit les idées , il ne s'éleva nulle dificulté ſur cet objet.

M.

M. de P demanda au ſieur B combien il lui étoit dû. Le Sr. B sans s'expliquer poſitivement renouvella ſes politeſſes affectueuſes. Il ne vouloit diſoit-il, que des *à comptes*. M. de P au contraire, ſouhaitant de terminer, inſiſta pour ſavoir le prix du travail du ſieur B & le payer ſur le champ.

Le ſieur B déclare alors modeſtement qu'il y avoit pour environ 120 liv. de débourſé (*); qu'à l'égard du modéle, il ne pouvoit le donner à moins de douze cent livres.

M. de P étonné d'une pareille demande & ſi déplacée, dit au ſieur B qu'il ne rempliſſoit pas les conditions aux quelles il s'étoit ſoumis. Cependant pour éviter toute diſcuſſion, M. de P offrit au ſieur B ou de recevoir 240. liv. ou de prendre ſon modéle. L'alternative étoit juſte ; le modéle n'avoit jamais étoit

* Dans ſon Mémoire il s'eſt reduit à 71 l. 10 ſ.

commandé ; & qu'and le sieur B
entreprit de le faire agréer, après l'avoir commencé de sa seule autorité, il n'exigea d'autre récompense que celle que M. de P. jugeroit apropos de lui donner.

Le sieur B refusa les propositions de M. de P & lui laissa le modéle. A la rigeur, on pouvoit le lui rendre puisqu'il manquoit à ses conventions : mais, comme l'esprit de justice dirige toujours les actions du Magistrat, M. de P crut devoir consulter des Architectes sur louvrage du sieur B le sieur Caqué & le sieur Franque, connus par leur expérience & leur probité, examinerent l'un après l'autre les opérations du sieur B & ils donnerent séparément leur avis ; ce n'est pas que M. de P les reconnût pour les Juges naturels de ses conventions ; mais il étoit bien aise de se déterminer sur le parti qu'il auroit à prandre, ou détruire un modéle, qui ne lui avoit point été commandé ou de lui en offrir le prix réel, s'il n'étoit pas excussif, par raport à la dépense qu'on vouloit bien faire.

Voici quels sont les termes de l'avis du sieur Caqué.

Nous soussignez Pierre Caqué, Architecte des Bâtimens à Paris, estimons que l'arpentage fait en la Maison de M. de P   rue des Martyrs contenant trois arpents, & une esquise de trois petits plans lavés & le modéle du Jardin & de la Maison fait en relief de carton coloré avec les petits changemens qui y sont survenus, valent ensemble la somme de trois cens livres. A Paris ce dix fevrier 1751. signé, *Caqué.*

L'avis du sieur Franque est conçu en ces termes.

Le tout vû & considéré, Nous soussignés Architecte à Paris, estimons que les Desseins & modéles que nous avons vûs chez M. de P   peuvent valoir au plus douze Louis, attendu le peu de recherche qu'il y a dans ledit modéle, & en ayant fait faire de plus grands & de plus finis, qui ont coûté moins. A Paris, le onze Février 1751. Signé, Franque.

Il y avoit en effet une grande differance entre le modéle que venoit de faire finir le sieur Franque, & celui de B Le premier contenoit 25 Appartemens de Maître, dont la moitié étoit de construction nouvelle; il étoit orné de balcons façonnés à toutes les fenêtres, de goutieres, de masques en cire, de moulures aux plaintes, en un mot on n'avoit rien épargné de ce qui peut décorer un ouvrage de cette nature. Le second modéle au contraire, n'offre qu'une copie peu recherchée de l'ancien Bâtiment. Tous les changemens consistent dans un *Belvedere* au milieu du Faîte, une salle qui fut retranchée lorsqu'elle ne'xistoit encore qu'en carton brute, la Chapelle & la Sacristie dont l'emplacement n'est plus le même, un garde-manger, un toît pour le Jardinier & le portier, enfin des remiſes & des écuries. Ces objets n'exigent pas un grand effort de génie, ni un travail bien conſidérable. (*) mais le ſieur B après avoir éprouvé la tolérence de M. de P pour un modéle qui n'avoit point été demandé, crut pouvoir abuſer encore de la même facilité pour établir une contribution proportionée à ſon avidité.

M. de P toujours ennemi des diſcutions judiciaires engagea M. le Curé de Saint Euſtache à faire parler au ſieur B Il lui fit également propoſer par le Maître Maçon qui le lui avoit préſenté une ſomme pour ſon travail officieux ; mais le ſieur B ne voulut point ſe départir des douze cent livres qu'il prétendoit. Dans cet état M. de P lui fit

* Le ſieur B n'a fait que ſuivre imparfaitement les idées de M. de P il n'a donné aucun projet de lui même. On feroit en état de vérifier ce fait par le ſuffrage d'une infinité de perſonnes diſtinguées par leur état & leur probité.

faites des offres réelles. Comme elles énoncent les conventions des parties, il est essentiel de les rapporter.

Par l'Exploit, en date du 5 Mars 1751, M. de P fit offrir réellement au sieur B une somme de *trois cens livres pour l'arpentage modéle, desseins, d'une maison à lui appartenante & contenant trois arpens ou environ, si mieux* n'aime le sieur B *reprendre son plan*, en donnant néanmoins bonne & valable quittance de la somme de *trois cens livres* au premier cas, ou une décharge du modele dans le second, déclarant au surplus au sieur B pour M. de P QU'IL EST PRET ET OFFRE D'AFFIRMER, EN CAS DE DÉNÉGATION, QUE C'EST SEULEMENT SUR LA PAROLE A LUI DONNÉE PAR LE SIEUR B QUE LE PLAN, DONT EST QUESTION, NE COUTEROIT PAS BEAUCOUP AU-DE-LA D'UN PLAN LAVÉ, EN LUI DONNANT LE LOISIR D'Y TRAVAILLER A SES HEURES COMMODES,

QU'IL A CONSENTI QU'IL Y TRAVAILLAT.

Ces offres expriment tout à la fois, & la propoſition d'un païement équitable, & les conditions qui ont ſervi de baſe au travail du ſieur B & il eſt fort ſingulier ſans doute qu'après avoir entrepris un ouvrage, ſans qu'il eut été commandé, & ne l'avoir continué que ſur *l'aſſurance qu'il ne couteroit pas beaucoup au-de-là du plan lavé*, qui étoit l'unique objet confié au miniſtere du ſieur B il ôſe exiger un prix exorbitant, au mépris de la convention qu'il avoit faite avec M. de P Si une telle prétention étoit adoptée, il faudroit ſupprimer tous les engagemens fondés ſur les ſeuls principes de la confiance & de la bonne-foi.

Le ſieur B refuſa les offres de M. de P——& le lendemain 6 Mars il le fit aſſigner au Châtelet, pour être condamné à lui payer une ſomme de onze cent quatre-vingt-ſix livres dix ſols pour ſes prétendues vacations, journées & dépenses, si mieux n'aime M. de P suivant l'estimation qui en sera faite par Experts dont les parties conviendront, sinon nommés d'office avec intérêt & dépens.

Le Sr. B donna par le même Exploit copie d'un mémoire contenant un grand nombre d'articles. On peut les réduire à trois. Le premier comprend les journées employées, dit-on, par le sieur B Il les fixé à 62, & il les taxe moderément à 15 liv. Les journées d'un aide énoncées dans le second montent à 35 & il les porte à 5 liv chacune. Le troisiéme concerne les dépenses, qu'il fait monter à 71 liv. 10 sols. Il est facile de supposer des créances, quand on ne consulte que son imagination & son intérêt. (*)

---

*Le sieur Caqué a suputé les journées de B & de son Aide en le mettant le plus à l'aise, il n'en trouve que 32 & demi. En les évaluant au plus haut prix des Toiseurs & des Aides, cela monte à 240 liv. ce n'est pas 1186 10.

M. de P a fait renvoyer & évoquer la demande portée au Châtelet, & il conclut à ce que sans s'arrêter aux prétentions du sieur B dans lesquelles il sera déclaré non recevable ou en tout cas mal fondé, les offres de M. de P seront déclarées bonnes & valables ; en conséquence le sieur B condamné, ou à accepter la somme de trois cens livres pour ses desseins & modéle, ou à reprendre le modéle *qui ne lui a jamais été commandé*, aux offres de lui payer les plans lavés & son arpentage, & en cas de dénégation pour ce qui concerne la confection du modéle *commandé sans aucun ordre*, & continué sous la condition expresse qu'il ne couteroit pas beaucoup plus que le plan lavé, qui avoit étoit uniquement demandé ; donner acte à M. de P de ce qu'il offre d'affirmer que c'est sur la parole expresse à lui donnée par le Sr. B que le modéle dont il s'agit ne couteroit pas beaucoup au-delà d'un plan lavé, en lui laiſſant le temps d'y travailler à ſes heures comodes, que M. de P a conſenti qu'il y travaillât, comdamner le ſieur B aux dépens.

MOYENS.

M. de P. ne peut s'élever trop vivement contre la ſurpriſe que le ſieur B prétend exercer ſous les yeux des Magiſtrats, & au mépris de ſes propres conventions.

C'eſt moins l'objet en lui-même qui intéreſſe M. de P que l'abus de confiance dont B eſt coupable, il a voulu rendre ce Magiſtrat le jouet de ſa cupidité, en ſe faiſant un titre propre à répondre à ſes vues & à conduire à la plus odieuſe exaction.

Si l'on en croit le ſieur B la queſtion eſt bien ſimple. Il a travaillé pour M. de P Il ſe trouve des difficultés ſur le prix de l'ouvrage; la régle eſt de procéder à une eſtimation, l'Ordonnance le preſcrit; Il n'eſt pas permis de s'écarter de ſa diſpoſition.

Ce raiſonnemant eſt eſpécieux; mais il ſe détruit ſans reſſource, lorſqu'on fait attention, ſoit aux circonſtances, ſoit aux conditions qui ont été la baſe des engagemens reſpectifs.

M. de P achete une Maiſon & un Jardin: Il veut y faire quelques changemens: B lui eſt preſenté comme Toiſeur & Deſſinateur: Il lui commande l'arpentage de ſon terrain & d'y joindre un plan lavé, ſemblable pour la largeur & la hauteur à un autre plan qu'il lui met ſous les yeux, & qui étoit l'objet d'un Louis.

Tel eſt exactement l'engagement qui ſe forme entre M. de P & le ſieur B Il eſt certain que, s'il y avoit diſcuſſion, relativement à ces objets, comme les parties ſont d'acord, & ſur la miſſion de l'ouvrier, & ſur la nature de l'ouvrage, on ne pouroit ſe diſpenſer d'ordonner un raport d'Experts. C'eſt la régle toutes les fois qu'il s'agit d'un ouvrage commandé ; l'ordre donné à un Ouvrier, qui travaille en conſéquence, emporte de plein droit l'eſtimation, quand on eſt en contradiction pour le prix du travail.

Mais le ſieur B ne s'eſt point renfermé dans les bornes qui lui avoient été preſcrites. Il à commancé, *de ſon propre mouvement*, un modéle qui n'avoit jamais été requis ; il n'en a inſtruit M. de P que l'orſque l'ouvrage étoit déja *fort avancé ;* & , qu'and il l'a engagé à conſentir qu'il l'achevat, il a été expreſſément convenu que *ce modéle ne couteroit pas beaucoup plus que le plan lavé* que le ſieur B devoit fournir.

Or, une convention de cette nature, ne peut jamais être ſoumiſe à la déciſion des Experts. Il ne ſont point parties capables pour ſtatuer ſur la condition des engagements. Par conſéquent mal à propos le ſieur B reclame-t-il le ſuffrage des Experts, dans une circonſtances qui ne concerne leur miniſtere directement ni indirectement.

En vain B entreprend-il de nier l'engagement conditionnel qui lui eſt oppoſé; la déclaration d'un Magiſtrat, qui ne doit point être ſoupçonnée légerement, l'emporteroit ſur une dénégation que l'intérêt conſeille, & un intérêt bien déme ſuré, comme il eſt prouvé par l'avis des deux Architectes.

Mais on eſt en état de rapporter une preuve écrite, à l'autorité de laquelle ne peut ſe ſouſtraire le ſieur B Lorſque M. de P a fait ſignifier des offres réelles de la ſomme de trois cens livres, *il a déclaré formellement, par le même Exploit, que c'eſt ſeulement ſur la parole à lui donnée par B que le modéle dont eſt queſtion ne couteroit pas beaucoup au-delà d'un plan lavé, en lui donnant le loiſir d'y travailler à ſes heures comodes, qu'il a conſenti qu'il y travaillat.*

Le ſieur B a repondu à l'Exploit, qui contenoit cette déclaration, par une assignation au Châtelet. Il a demandé la nullité des offres de la somme de 300 l. la condamnation à celle de 1186 l. 10 sols, & en cas de difficulté une estimation par Experts; mais il n'a point contredit ce qui a été exposé, relativement à la condition sous laquelle M. de P avoit consenti à la confection du modéle. Le silence du sieur B forme une preuve incontestable de la vérité de cette condition ; c'est un nouvel acquiescement qu'il y donne ; ainsi, à partir de la convention des parties, le modéle ne doit pas couter beaucoup audelà d'un plan lavé, or, comme le plan lavé n'eût jamais été à 300 liv, il s'ensuit que M. de P en offrant cette somme, ajoute encore une grace à l'exécution de son engagement. Que le sieur B accepte donc ces 300 l. avec reconnoissance, ou qu'il repprene son modéle. On ne pourroit se prêter à un autre arrangement, sans détruire le fond même de la convention.

Il eſt de principe, que les conventions doivent être exécutées dans toutes leurs diſpoſitions. C'eſt la volonté qui les forme (a), c'eſt la bonne foi qui doit les maintenir. Une maxime auſſi prétieuſe ne pourroit être renverſée ſans porter atteinte aux régles fondamentales de l'ordre public. Ignore-t'on, en effet, que c'eſt de la fidelité à obſerver les engagemens que dépend abſolument la tranquilité & l'harmonie de la Société?

Cette maxime s'applique naturellement aux circonſtances dans leſquelles ſe trouve M. de P Le ſieur B contracte avec lui. La convention, il eſt vrai, n'eſt pas écrite. Mais premierement la convention peut ſe donner ou par écrit, où ſans écrit. (b)

(a) Qui tam congruum fidei humanæ quàm ea quæ inter eos placuerunt ſervare? L. 1. ff. De Pact.

(b) Sive ſcriptis, ſive ſine ſcriptis. Inſt. De Empt. & Vendition.

Secondement, l'existence de la convention est certaine, & par l'assurance de M. de P & par sa déclaration, que le sieur B a adoptée puisqu'il ne la point combatue par l'Exploit servant de reponse à celui qui la contenoit expressément, & qui lui a été signifié *parlant à sa personne :* ainsi dès que la convention est établie; il en resulte nécessairement que son exécution devient une loi, à la quelle il n'est pas possible de contrevenir. (a)

Il y a plus. S'il se rencontroit quelqu'obscurité, quelque incertitude sur l'étendue de cette convention, il faudroit prendre le parti qui tendroit à diminuer le poids de l'obligation, bien loin de l'agraver au préjudice de celui contre lequel on voudroit s'an prévaloir. C'est un principe consacré

(a) Arianus ait multum interesse, quæras, utrum aliquis obligetur, an aliquis liberetur; ubi de obligando quæritur, propensiores esse debere nos, si habeamus occasionem ad negandum, ubi de liberando ex diverso, ut facilior sis ad liberationem L. 43. ff. De Ob & Act.

par

par les Loix Romaines dont nous admirons la ſageſſe & la ſolidité. Telle ſeroit la régle pour l'interprétation d'une convention qui offriroit des doutes : mais celle que M. de P invoque en ſa faveur, eſt claire & préciſe. Il n'a conſenti à la continuation du modéle que le ſieur B avoit *commèncé ſans aucun ordre*, que ſous la *condition qu'il ne couteroit pas beaucoup au-delà d'un plan lavé d'un Louis.*

L'engagement n'a donc été formé que conditionellement ; & ſous ce point de vûe, où il doit être exécuté avec la condition, ou il doit être entiérement anéanti. (a)

M. de P pour achever de porter la conviction dans les eſprits, ſe ſoumet à affirmer la vérité d'une convention que le ſieur B n'entreprendra pas de contredire, s'il veut écou-

---

(a) Non impletâ promiſſi fide Domini tuï jus in ſuam cauſam reverti conventi. L. Cod. De Pact.

ter la bonne foi qui parle au fond du cœur. Le ferment peut être ordonné, en matiere de conventions verbales, l'orfqu'elles ne font pas avouées unanimement, quoique le Demandeur puiffe être écarté fuivant le principe *actore non probante abfolvitur reus.*

Cependant, fi le Défendeur offre fon affirmation, pour donner plus de poids à fes moyens, il eft de la prudence du Juge de l'admettre. (a)

Il feroit inutile, après ces réflexions d'entrer dans le détail du Mémoire du fieur B   Il annonce 62 journées de travail, qu'il évalue à 15 liv. chacune. Il compte 32 journées d'Aides, qu'il fixe à 5 liv. chacune. Premierement ces prix font exorbitants, & ils doivent-être réduits fort au deffous de la fixation du fieur B

(a) In bonæ fidei contractibus, nec non in cœteris caufis, inopia probationum per Judicem, causâ cognitâ, res decidi oportet. L. 3. C. De Reb cred. & Jurefur.

Secondement, il n'a été que cinq fois à la nouvelle Maiſon de M. de P il y a été conduit trois fois dans ſon carroſſe, & pendant ces trois viſites, il n'a pas travaillé deux heures en tout, il eſt venu trois fois chez M. de P où il a dîné; en un mot, il a exécuté une partie de la convention à la lettre, en renvoyant cet ouvrage à ſes heures de loiſir. Il a employé ſuivant ſon Mémoire, près de ſix mois à des opérations qui auroient pû être terminées fort à l'aiſe en 15 jours: pourquoi le ſieur B obſerve-t-il ſi bien la convention dans ce qu'elle a de commode pour lui, & s'en écarte-t-il ſi habilement, dans les conditions qui ſont deſtinées à l'accompagner?

Que B ne diſe point que le modéle éxiſte, & qu'ainſi il faut l'apprécier ſuivant ſes idées, ou le ſoumettre à l'eſtimation des Experts. Cette objection ſe détruit facilement, l'orſqu'on réfléchit que ce modéle n'a jamais été commandé, qu'il avoit été commencé, ſans que M. de P. en fut inſtruit, & qu'il n'a conſenti à s'en charger, qu'à *condition qu'il ne couteroit pas beaucoup plus qu'un plan lavé.* Malgré toutes les ſubtilités du ſieur B on le ramenera toujours à ce point de vérité. L'on ne peut diviſer la déçlaration de M. de P Comme B n'a été en état de travailler à ce modéle que du conſentement de M. de P dès que ce conſentement fait le titre du ſieur B il faut qu'il l'adopte dans toutes ſes parties. Si l'on admettoit un autre ſyſtême, les engagemens indiviſibles par leur nature, ſeroient ſuſceptibles de toutes les extenſions que l'intérêt ou la mauvaiſe foi entreprendroient de leur donner.

Ainſi, le ſieur B argumente du conſentement de M. de P Sans ce conſentement en effet, il ſeroit impoſible de lui demander le paiement d'un modéle qui lui ſeroit abſolument étranger ; mais M. de P déclare, qu'il n'a donné ce consentement qu'à des conditions, sans l'acceptation desquelles il l'auroit refusé formellement: or, comme c'est la déclaration de M. de P qui assure la vérité du consentement, la même déclaration doit assurer également la vérité des conditions: elle ne peut être exacte dans une partie & fausse dans l'autre; par conséquent ou il faut adopter la déclaration de M. de P dans toute son intégrité, & alors il ne s'agit entre les parties que d'un consentement conditionel; ou il faut rejetter entierement cette déclaration, & alors le modéle du sieur B est un ouvrage qu'il a fait de lui-même & pour lequel il ne lui est dû aucune rétribution.

Cette alternative est juste. Il n'y a que l'avidité de B qui s'en puisse plaindre. On lui fait des offres réelles d'une somme de 300 liv. L'engagement conditionnel n'en exigeoit pas tant: mais M. de P a bien voulu s'écarter de la rigueur de ses conventions, pour donner au sieur B des preuves de ces bons procédés. C'est ainsi que la vertu se vange. Mais la générosité doit avoir des bornes.

Si la pretention du sieur B étoit admise, il n'est personne qui ne se trouvât exposé à éprouver des contestations ruineuses. Sous les apparences d'un désintéressement affecté, l'on surprend la confiance : des dehors modestes & des promesses flatteuses, séduisent insensiblement le cœur & l'esprit. On propose des conditions, elles sont acceptées : sur cette assurance, on se prête à des idées, à des projets qui ne paroissent avoir aucune conséquence : on laisse agir, dans la vûe de la fidélité des engagemens : si on les rappelle quelquefois, ils sont confirmés avec un nouvel empressement ; mais la fin des opérations arrive-t-elle ? veut-on terminer conformément aux arrangemens convenus ? On n'apperçoit plus les mêmes déférances; on ne retrouve plus les mêmes principes, le voile se déchire : c'est l'ambition, c'est l'intérêt qui se démasquent. A la place des qualités estimables qu'on avoit souvent admirées, se manifestent des passions tyranniques qu'il faut satisfaire, ou se dévouer aux plus désagréables discussions.

La confiance est la base des négociations les plus ordinaires de la société. Des personnes d'un certain état, accoutumées à regarder les paroles qu'elles donnent, & quelles reçoivent, comme des engagemens solides, ne pourront-elles plus contracter avec sûreté qu'en consignant leurs arrangemens dans des actes écrits. La bonne foi ne sera donc qu'un vain nom destiné à frapper l'oreille, mais sans réalité ? L'on ne craint point de le dire, c'est ici la cause de tous les honnêtes gens ; Grands, petits, Peuples, Magistrats.

Il s'agit de l'exécution, d'une convention ; & cette convention, particuliere à M. de P   dans le moment présent, est commune à tous les rangs, à tous les états. On traite chaque jour avec des Ouvriers; mais deviennent-ils à ce titre les arbitres des engagemens les reconoitront-ils parce qu'il forment leur pouvoir, & rejeteront-ils les conditions sans lesquelles ils n'auroient pas été consentis? On apperçoit combien une telle liberté entraîneroit d'abus. C'est donc à celui qui a fait l'engagement à déclarer les conditions qui l'ont accompagné. L'Ouvrier ne peut se plaindre qu'on adopte l'engagement dans toute son étendue : s'il en étoit autrement, qui oseroit se flater de résister aux entreprises d'un intérêt, toujours actif dans ses poursuites toujours insatiable dans ses prétentions?

Les Loix sont l'ovrage d'une raison superieure & puissante occupée du bonheur des peuples, attentive à leurs besoins, & plus vigilante qu'eux mêmes, pour les garantir des embuches de l'injuſtice. Elles ſe développent, ſelon que les occaſions s'en préſentent. Elles varient dans la forme, pour être toujours au fonds, implacables ennemies du dol & de l'oppreſſion.

C'eſt le glorieux emploi des Magiſtrats, de les faire entendre & dominer pour le bien public. Il devient le leur particulier. Juges ſur leurs Tribunaux, dès qu'ils en d'eſcendent, ils rentrent dans la Société qu'ils y protégent.

Accoutumés à écouter la voix de la Juſtice, ils en ſont les interprêtes les plus ſûrs, & les plus fidélles organes. Combien eſt-il déſirable à ceux qui ne cherchent qu'elle, de les avoir pour Arbitres.

En vain le ſieur B aſpire-t-il après des Experts : le Tribunal reſpectable où M. de P a demandé ſon renvoi, comme un de ſes plus précieux priviléges, ſera ſans doute indigné de voir la ruſe ſe prévaloir de la Loi qui la pourſuit, & ſe flatter d'avoir ses Juges pour protecteurs. Ils sçauront distinguer le Débiteur soupçonné de refuser un juste salaire, d'avec le Défendeur qui réclame la bonne foi violée. Ils peuvent consulter des Artistes, sur des prix débatus, qui ne sont point écrits dans leur sanctuaire, pour un ouvrage commandé ; mais des Magistrats trouvent gravée dans leurs cœurs ; la Loi qui défend la surprise. Ils ne remettront pas les balances de la Justice, en des mains qui ne peuvent les tenir, quand il s'agit des conventions & de Déclarations indivisibles, véritables titres des deux Parties en cette cause.

L'objet de la contestation ne paroît pas considérable : mais le motif en est intéressant. C'est l'ingénuité qui cherche à se remparer contre des attaques sourdes. Il s'agit de venger la Loi de l'abus qu'en fait l'artifice, & d'empêcher que des Arts utiles, en deviennent dans d'indignes mains, des Arts ruineux.

La juſte confiance d'un honnête homme trahie, la candeur à chaque inſtant, & dans tous les Etats expoſée à d'obliques manœuvres, les pratiques les plus dangereuſes encouragées, quels fruits amers d'un ſiſtême opoſé formellement aux arrangemens adoptés, & contraire aux conventions.

Condamner B à les exécuter, c'eſt le ramener à la vérité; c'eſt engager les Artiſtes à ſolliciter eux-même les devis qu'ils s'efforcent d'éviter, pour rendre leurs prix arbitraires, trop pleins d'une confiance injurieuſe en la connivence ou en la commiſération des Juges qu'ils ſe choiſiroient, ou qu'ils croiroient intéreſſés; c'eſt protéger la droiture & la ſimplicité contre la fraude & la ſoupleſſe, & raſſurer ainſi les Citoyens. Quel ouvrage plus digne de la ſageſſe, & de la grandeur des premiers Magiſtrats, à qui la Police appartient ſinguliérement.

DE LAB. Proc.

CHAPITRE IX.

LE remede au mal jugé d'une Santance eſt l'Apel. Quel eſt-il? A ſept heures du matin an hivert, les Juges dorment ancore, ou friſſonent de froid. Eclairez d'une petite bougie ſur le pupitre du Préſidant, les ténébres n'an ſont pas diſſipées : l'obſcurité ne recueille pas quand on n'eſt point éveillé.

Préocupez du préjugé, les Juges ſe hâtent de parachever la tache : ils n'antandent qu'à moitié ce qu'ils ne laiſſent plaider qu'à moitié. La faim les chaſſe à la buvette. Ils i reprenent de la chaleur & des forces pour la grande Audiance.

Pluſieurs des Juges dans l'afaire du Mémoire qui ſit la converſacion du landemain, ont dit que l'areſt n'eut pas été confirmatif, s'il n'eut pas été bruſqué.

Ce que Saint Ambroiſe exigeat de l'Empereur Théodoſe, eſt ici fort utile & ſans inconveniant.

C'eſt la ſurſéance de la ſignature de l'areſt pandant huit jours, après la réviſion du procez ſur un reſumé ſuccint, qui exer-

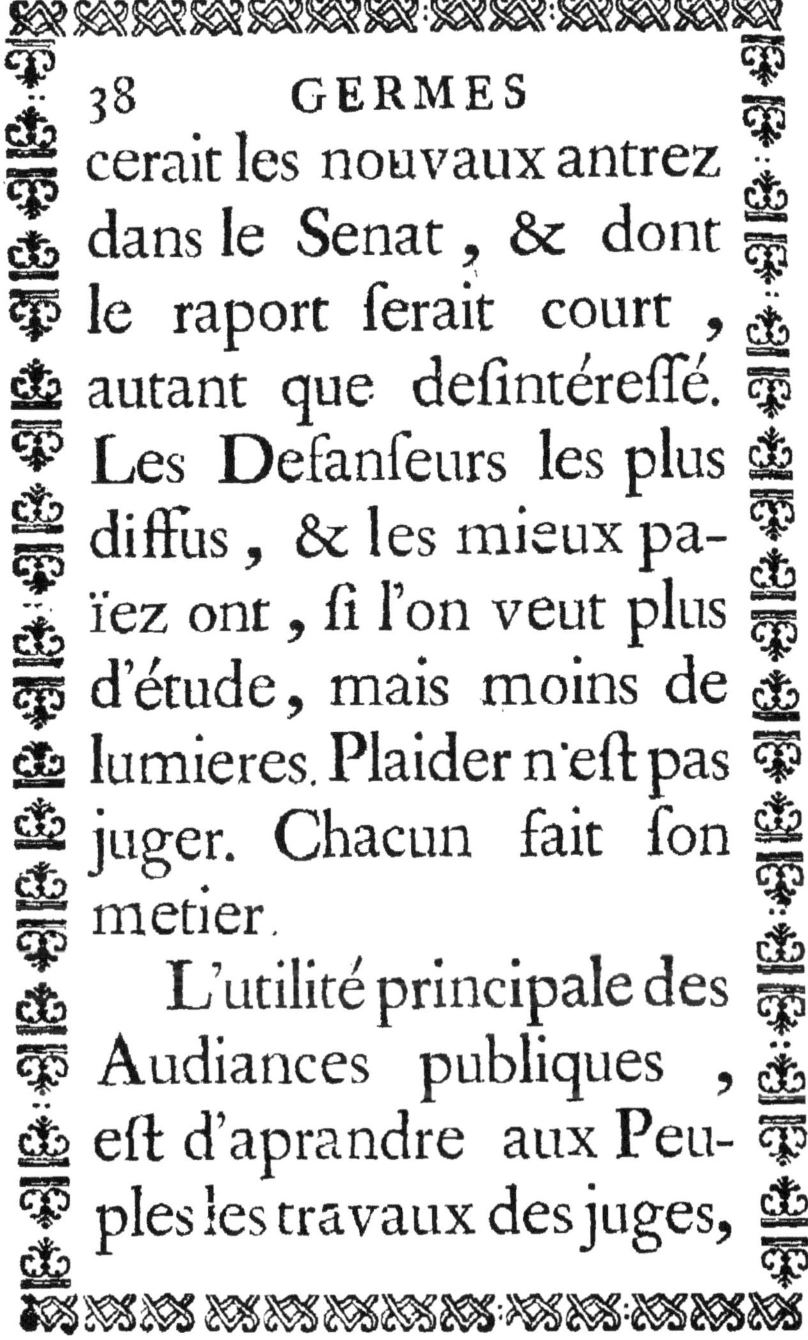

cerait les nouvaux antrez dans le Senat, & dont le raport ſerait court, autant que deſintéreſſé. Les Defanſeurs les plus diffus, & les mieux païez ont, ſi l'on veut plus d'étude, mais moins de lumieres. Plaider n'eſt pas juger. Chacun fait ſon metier.

L'utilité principale des Audiances publiques, eſt d'aprandre aux Peuples les travaux des juges,

& de leur faire craindre le jugemant des peuples.

Le Mémoire était mon ouvrage & j'étais fort persuadé qu'il eut convaincu n'eut-il été que parcouru.

Mais qui sait lire? Cela fatigue les ieux. Les aureilles sont bien plus comodes. Il est vrai que ce qui antre par l'une sort par l'autre an ligne droite & promptemant : on an a la tête moins chargée : on expédie & le plus sûr avantage an plaidant eſt d'antrevoir une fin, ſouvant ancore bien longue, les délais, délais utiles néanmoins, les vacances repetées, les fêtes, les voïages an Cour, les diſcuſſions politiques qui ſervent au moins, à faire valoir la Compagnie auprès des peuples, & la bonté ferme du Monarque qui ſouffre la contradiccion ſans affaibliſſe-

mant

mant, tout cela serait su-portable si la chicane ancore a replis tortueux, n'ambaraſſait la marche de la Juſtice juſques dans ſon propre Palais : ſes piliers ſavans an ſont bién païez pour parler raiſon, mais come ailleurs, on le fait moins que l'on n'i déraiſonne. Le prix eſt égal. Véritablemant chacun n'antand que ſa partie d'autant plus génereuſe qu'elle eſt plus flatée, elle parle come elle eſt affectée. Eh ! ce qui païe n'a-t'il pas raiſon. On l'a ſouvant, quoique l'on ait auſſi tort.

Les langues ſur tout des Orateurs acoutumées à fraſer, babillent légérement & ſans préparacion, ou très petite, petite attantion, tout eſt petit aux petites Audiances, hors la prévancion des préjugez & la précipitacion.

A moins que les afaires ne ſoient d'aparat, ne nous expoſons pas à repeter nos pertes, nous nous procurerons du repos. Qui perd gagne. Qui néglige le remede, ne meurt qu'une fois, & n'eſt ce rien que d'an épargner l'amertume? Anfin je conclus de l'évenemant que le Mémoire n'avait pas même été parcouru Je le rimai pour voir s'il ſerait mieux.

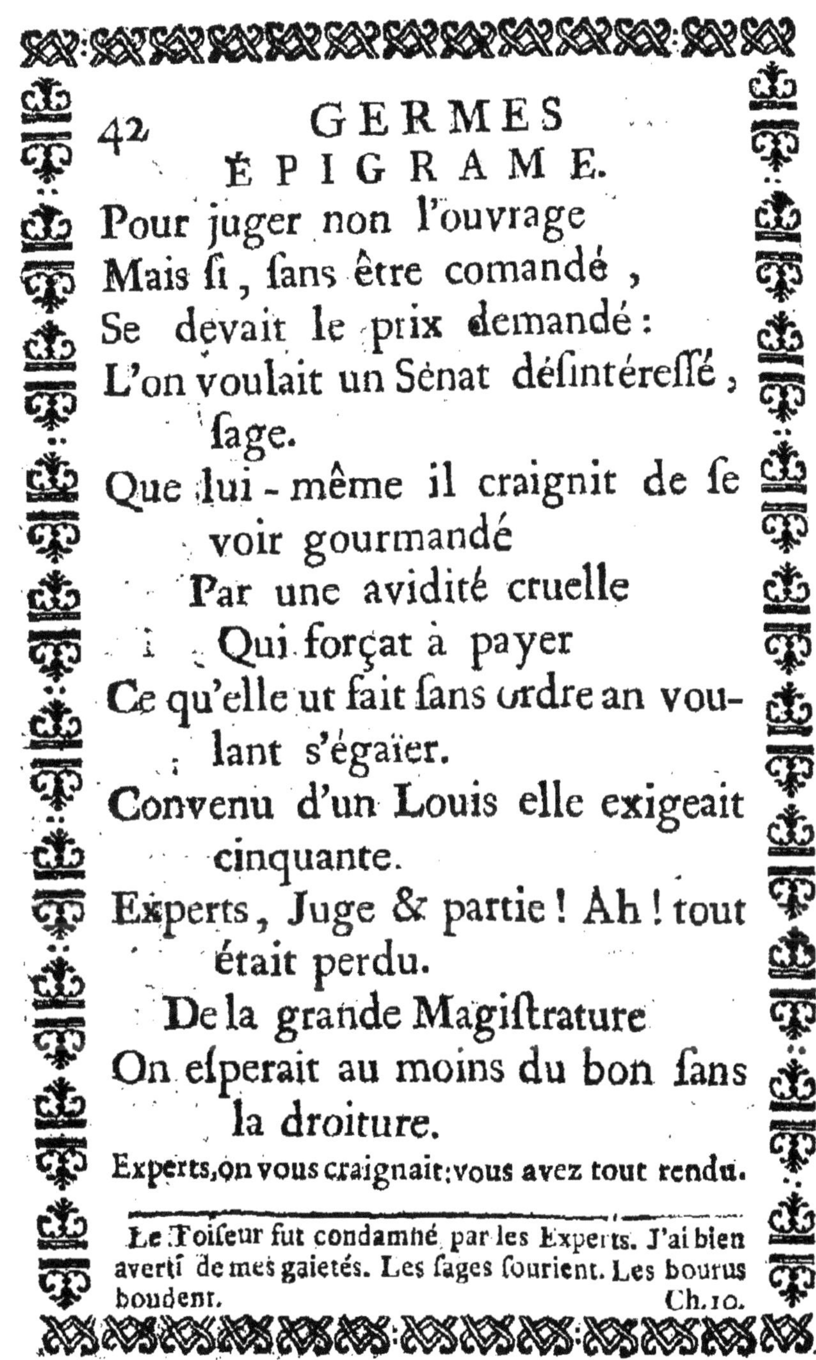

ÉPIGRAME.

Pour juger non l'ouvrage
Mais si, sans être comandé,
Se devait le prix demandé:
L'on voulait un Sénat désintéressé, sage.
Que lui-même il craignit de se voir gourmandé
Par une avidité cruelle
Qui forçat à payer
Ce qu'elle ut fait sans ordre an voulant s'égaïer.
Convenu d'un Louis elle exigeait cinquante.
Experts, Juge & partie! Ah! tout était perdu.
De la grande Magistrature
On esperait au moins du bon sans la droiture.
Experts, on vous craignait: vous avez tout rendu.

Le Toiseur fut condamné par les Experts. J'ai bien averti de mes gaietés. Les sages sourient. Les bourus boudent. Ch. 10.

CHAPITRE X.

CRÉDIT OPÉRANT DÉNI DE JUSTICE.

LES Séduccions ſont moins à craindre dans les aſſamblées nombreuſes : mais il eſt un crédit plus à redouter que les ſéduccions. C'eſt celui qui ferme les avenues à ces compagnies les plus intégres que

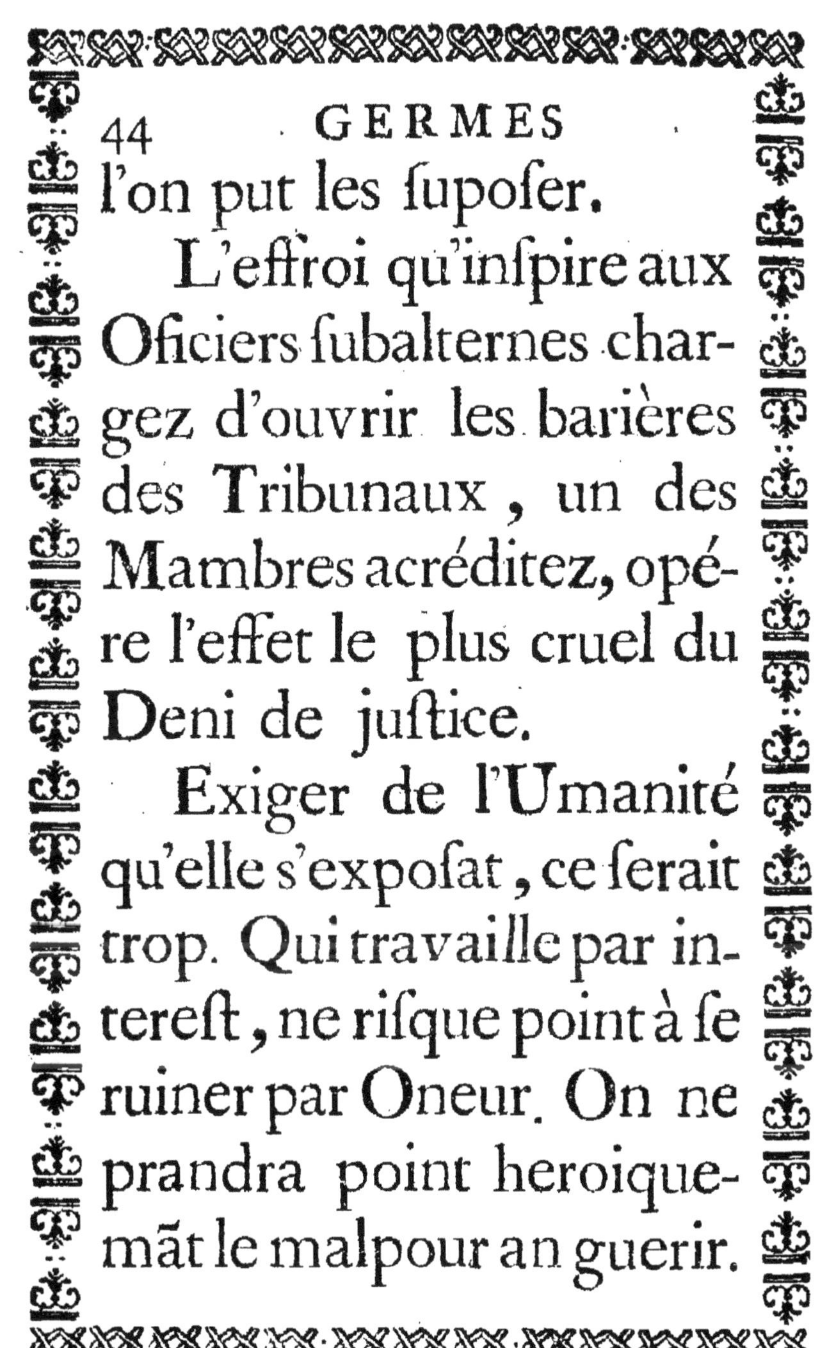

l'on put les ſupoſer.

L'effroi qu'inſpire aux Oficiers ſubalternes chargez d'ouvrir les barières des Tribunaux, un des Mambres acréditez, opére l'effet le plus cruel du Deni de juſtice.

Exiger de l'Umanité qu'elle s'expoſat, ce ſerait trop. Qui travaille par intereſt, ne riſque point à ſe ruiner par Oneur. On ne prandra point heroiquemãt le malpour an guerir.

Le remede eſt aiſé, plein d'avantage & ſans inconveniants.

Qu'il ſoit permis de ne paraitre an juſtice que ſous ſon propre nom, à ſes Riſques, perils & fortunes, pour ne point expoſer ſes conſeils à la crainte du reſſantimant des ſuperieurs.

La conaiſſance des Loix & de leur marche doit afranchir d'un Tribut couteux qui n'eſt dû que par l'ignorance. Les Legistes &c. ne seront pas oisifs : cette Erudicion est rare.

On reprimera facilemant la sufisance & l'inconsidération que n'esfrairait point la perte du procez, par des Rejets, des peines pecuniaires qui compãseraient le tort que ferait aux parties averses, le retardemant, mêmes aflictives, si la passion oubliait les égards.

Cette ſorte de Deni de Juſtice eſt plus tiranique ancore que le refus exprimé. Le recours au Tribunal ſuprême acceſſible parce qu'il eſt moins antouré de formalitez utiles au berſau des afaires expedirait anfin une déciſion.

Il vaudrait ſouvant mieux perdre promptemant, que de gagner lantemant. Un refus net & court d'un Ampereur

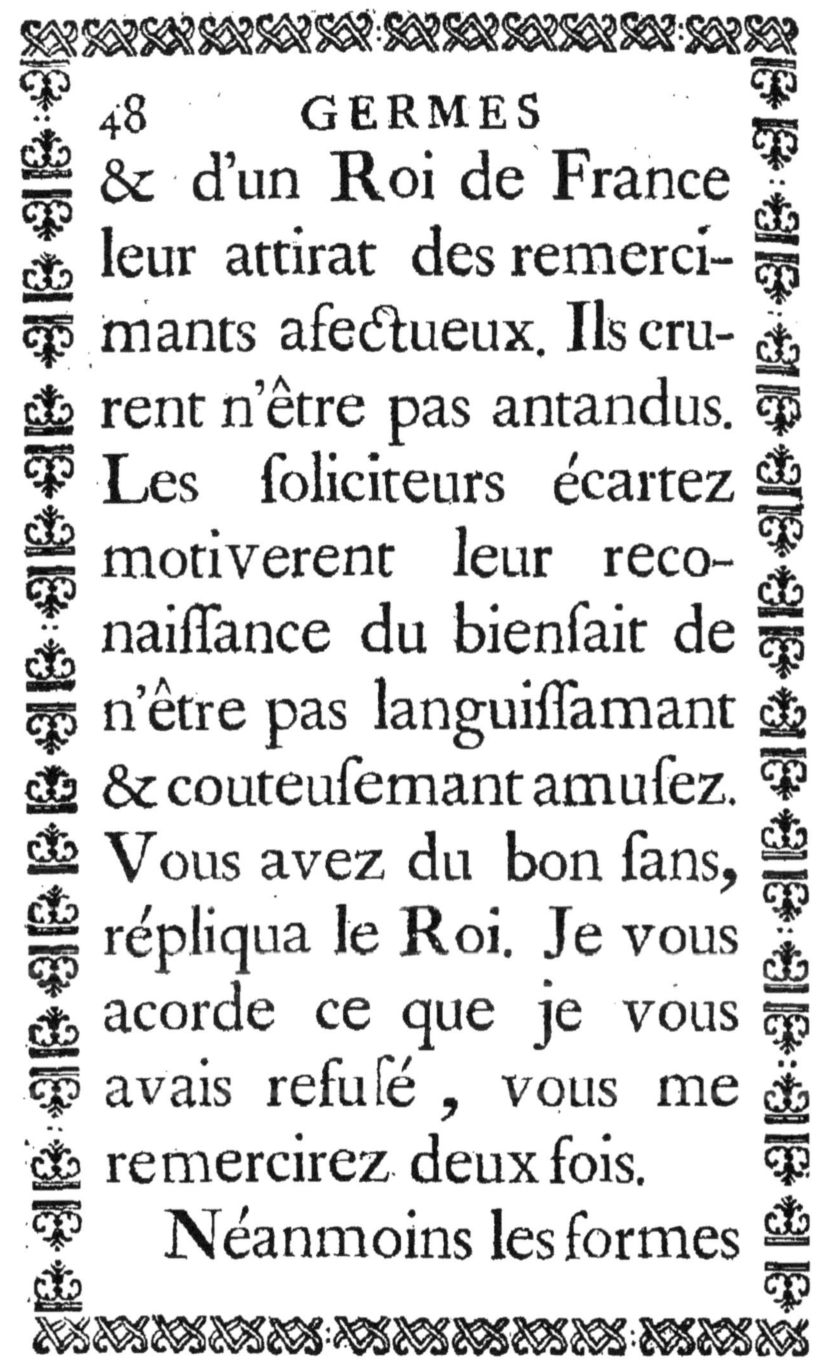

& d'un Roi de France leur attirat des remercimants afectueux. Ils crurent n'être pas antandus. Les ſoliciteurs écartez motiverent leur reconaiſſance du bienſait de n'être pas languiſſamant & couteuſemant amuſez. Vous avez du bon ſans, répliqua le Roi. Je vous acorde ce que je vous avais refuſé, vous me remercirez deux fois.

Néanmoins les formes

& les délais ſont cauſez. Il faut le tamps de s'expliquer. Tous n'antandent pas au premier mot.

Tant que les tribunaux ordinaires ſont ſaiſis l'évocacion n'eſt pas permiſe. Il ne doit dépandre du caprice, ni de choiſir ni d'exciper ſes Juges. mais quand on ne peut antrer par une porte, il eſt bon de fraper à touttes, & l'évocacion admiſe dans le cas du Deni de Justice prouvé, doit l'être quand il a les mêmes efets, quoique moins articulé.

C'est dans ces seuls cas, eureusemant fort rares, & parce que l'on i est forcé, qu'il seroit sage d'abandoner les routes ordinaires quoique plus batues, mais où l'on ne peut percer. Quand le mal est certain, il faudroit recourir même à l'incertain, ne fut-ce que pour ne rien négliger, ſur tout quand l'Oneur i eſt intéreſſé. Les pertes pecuniaires ont des reſſources dans l'œconomie. On peut an acheter le repos. Il vaut mieux que l'or. Mais la tranquilité ne conſole point de l'infamie : elles ſont mêmes inaliables, & ne fut-on point agité par l'intime ſantimant de ſa dégradacion, le mepris

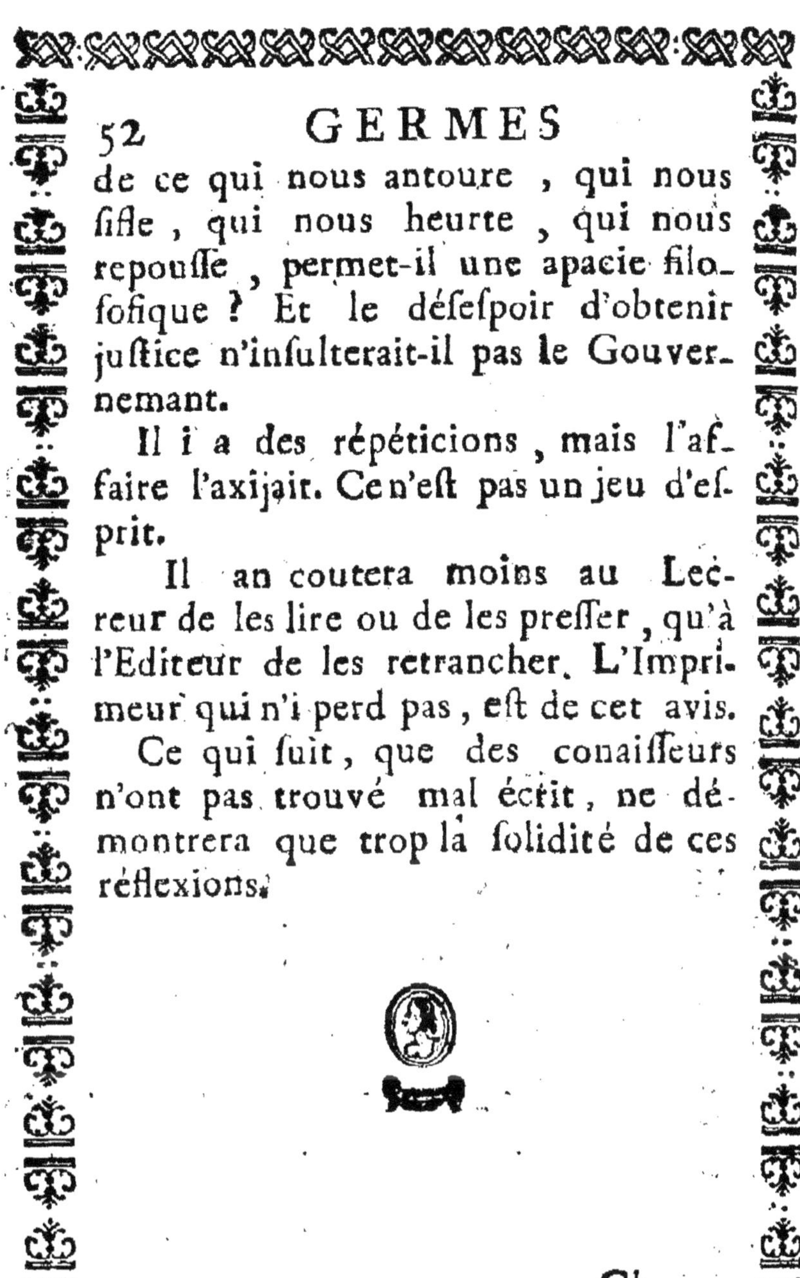

de ce qui nous antoure, qui nous ſifle, qui nous heurte, qui nous repouſſe, permet-il une apacie filoſofique? Et le déſeſpoir d'obtenir juſtice n'inſulterait-il pas le Gouvernemant.

Il i a des répéticions, mais l'affaire l'axijait. Ce n'eſt pas un jeu d'eſprit.

Il an coutera moins au Lecteur de les lire ou de les preſſer, qu'à l'Editeur de les retrancher. L'Imprimeur qui n'i perd pas, eſt de cet avis.

Ce qui ſuit, que des conaiſſeurs n'ont pas trouvé mal écrit, ne démontrera que trop la ſolidité de ces réflexions.

GERMES
DU BONEUR
PUBLIC.

CHAPITRE XI.

ART
DE GAGNER
DES PROCEZ
INGAGNABLES.

Par le Filoſofe ſans Fiel, Patriote, Pere, Bienfaiteur, interdit à la vue des Monſtres. Non ébranlé, ni confondu, par la manœuvre atroce d'anfants convaincus de la plus noire ingratitude.

Ce Titre eſt trop bien rampli comme on le verra dans ſon Comantaire.

Promis Page.

AVIS
TRES-SÉRIEUX.

Peres & Meres choisissez vos aliances, avec la circonspection la plus attentive : & tremblez encore. Evitez les talens de nuire ; si vous ne les avez vous-même, & les Deffenseurs, pour & contre, que le gain amuse, que le crédit effraie. Les protections les plus dues, Dettes mal acquistes. Suspectez les réputations & l'accueil. L'esprit se produit pour amorcer ; le cœur montre des sentimants afectueux pour trahir. Ils s'embusquent. Justice : ou vous meritez mes malheurs : Vous les apelez Peres & Meres.

IMPORTANTS AVIS.

113

POUR

Mre. A. D. B. de P....... Chevr. Coner. du Roi très-Crêtien en ſes Conſeils, Me. des Comptes à Paris, &c. &c. &c.

CONTRE

Mre. Cl. Guil. L.... Coner. au Parlement 2de. Ch. des Enquêtes à Paris, & la Dame ſon Epouſe.

Curam habe de bono Nomine.

Eccl. ch. 41. ℣. 15.

EST-il ſituation plus afligeante que d'être forcé de ſe plaindre de ce que l'on a le plus chéri. Les déſaſtres que cauſe une main étrangere laiſſent quelque douceur dans la défenſe : elle eſt un nouveau mal avec des enfans.

Moins on s'eſtime ſoi-même, plus on ſe craint. La parole expire ſur les levres devant des Magiſtrats impoſans. La memoire ſe perd, on ſe trouble. On ne balbutie qu'à moitié ce que l'indifférence, l'impatience, la multiplicité des affaires, ne laiſſent plaider ou écouter qu'à demi ; les yeux voyent mieux que les oreilles n'entendent ; la plume fut-elle mal taillée, eſt plus préciſe & plus nette que la langue.

Ma cauſe eſt d'ailleurs ſi juſte & ſi claire qu'elle n'a beſoin ni d'érudition, ni de talent.

Les défenseurs que l'acception des personnes &c. a rendu difficiles à fixer, diroient-ils tout ce qu'ils savent, il est des secrets de famille, qui peuvent être essentiels contre la declamation. Ils sont arrachez. La discretion ne doit les publier qu'avec reserve. On est oprimé, mais par des enfans; ils ne respectent pas un père, Un père leur doit l'exemple de la modération.

Des enfans à qui leur père à rendu tous ses comptes, qui ne leur doit rien d'exigible, à qui ils doivent des deniers qui le sont, gênent pour ne les pas payer, tout ce qu'ils lui connoissent de biens, & le diffament.

Il demande, en jugeant le défaut faute de défendre, obtenu par lui contre eux, la remise de ses titres, notament ceux retirez par eux de chez Me. Ledeguive, Notaire, Acte de ce qu'il consent que le prix qui reviendra de la vente de la rente viagère, de 3000 & tant de livres avec faisances & intérêt, échus & à lui dûs par les opposants, celle de 600 livres sur la ville, celle des rentes perpetuelles sur les Célestins & fripiers de Paris, soient employez à rembourser les principaux des rentes auxquelles feue la Dame son épouse, pourroit être obligée arrerages frais mise d'exécution, ou tout ce qui pourait lui être dû; les capitaux offerts montant à 150762 livres 10 s. pour éteindre des garenties pour 78000 livres, en conséquence ordonner que les dittes offres seront déclarées nantissements valables, ou en authoriser ventes, mêmes pour les faciliter, lui faire main levée pure & simple des oppositions formées à la requête de ses enfans es noms des débiteurs. Qu'il soit ordonné que nonobstant icelles, les débiteurs seront tenus de continuer les dittes rentes, & de payer les arerages à échoir depuis le jour de la vente, aux aquereurs, à quoi faire ils seront contraints par toute voie due & raisonnable, quoi faisant, ils en demeureront quitte & déchargez envers & contre tous, à la charge des offres cidevant faites, & réiterées en tant que besoin, comme aussi qu'il lui soit fait main levée pure & simple de toutes les oppositions de ses enfans, & notament de celle à la délivrance des deniers de la vente des meubles, à Tossier & Toussaints, tapissiers, ruë de la Veterie, & au remboursement du pret gratuit à la D[e] Ve Valgra par Billet endossé par le sieur Horutner, Banquier à Rouen, toutes lesquelles oppositions seront declarées nulles, injurieuses, tortionaires & déraisonnables, Les dits débiteurs seront contraints à vuider leurs mains es celles du suppliant, condamner en outre les dits opposants, à tel dommages & intérêt qu'il plaira à la courarbitrer, pour les pertes énormes qu'ils lui ont causées, & aux dépends. De plus qu'il leur soit enjoint d'assurer le prêt 60000 livres pour acquisition de fonds, dont le suppliant n'attend pour conclure que la certitude, condition sans laquelle n'eut été faite la donation du dernier Décembre 1762, ainsi qu'il conste par l'engagement signé par l'opposant : le tout sans préjudice au dit suppliant de ses autres dûs droits & actions & prètensions, & sauf à lui à prendre par les suites, toutes autres fins & conclusions qu'il appartiendra.

J'ai toûjours réveré les Loix : j'honore trop les bons juges pour les craindre. Leur équité rassureroit contre le crédit d'un de leurs membres. Ses qualitez séduisantes font illusion. Elles sont l'excuse de mon cœur. Mes sentimens trop tendres & trop vifs ont causé nos troubles. Je ne dois craindre que les interprétations malignes. Elles défigurent l'innocence. Elles peuvent seules colorer les entreprises.

FAITS.

Persuadé que tant que l'on conserve une charge, il faut la faire ou s'en défaire, lorsque les devoirs en deviennent trop à charge à certain age, quand je fus honoraire, je voulus vendre la mienne. Plein de confiance en mon gendre, je lui communiquai le contrat que j'en avois dressé qu'il aprouvat.

Quel fut mon étonnement d'être menacé d'une opposition au sceau mendiée d'un de ses créanciers. L'affaire échouat. Le coup fut presqu'oublié ; l'auteur de la blessure étoit chéri.

Le 17 Septembre, 1762, je lui racontois qu'un gentilhomme voisin de ma terre en deça du Bourget, de laquelle, toute bonne qu'elle fut, j'avois lieu d'être dégouté, m'en offroit à perpétuité tout ce qu'elle étoit affermée, & mil écus de pot de vin, si je voulois la lui vendre à ce prix, mon gendre me fit les derniéres instances pour l'avoir à ces conditions, mais en viager. Il ne procure point de ressource. Mon gendre signat un engagement de me prêter ou faire prêter 60000 pour acquisition de fonds ou d'heritages, condition exprimée essentielle, & sans laquelle n'eut été fait l'acte. Je me laissai gagner. Il faut avouer ici l'imprudence de mon cœur.

Mon gendre ne tint dans le temps aucun de ses engagemens ; je les ai. Cela me forçat de recourir à la triste ressource que mon patriotisme avoit mis dans mes meubles. Je ne sai pas emprunter. J'aquitê plusieurs petites dettes que de fortes réparations, la banqueroute d'un fermier, la remonte de la terre, m'avoient forcé de contracter tout à la fois dans pais. Mon gendre devenu Seigneur, s'étoit chargé de les acquiter sur ce qu'il me devoit.

Lors de la vente, la curiosité fit foule. Il vint furieux, me reprocher devant tout le monde, que je l'avois trompé, qu'il ne pouvoit trouver 2000 de fermage d'une terre que je lui avois dit être de trois.

Vous avez lui dis je les baux. Il y a même des reserves. Resilions Vous me l'avez refusé bien des fois.

En plein public, il crie, vraiment vous en seriez bien embarrassé : vous êtes forcé de vendre vos meubles.

Il court chez un de mes créanciers qui ne vouloit être payé que tous les ans, l'engager à faire opposition à la délivrance des deniers de la vente pour la demi année échue.

Mon gendre fait lui même le masque bas, opposition au sceau, & à tout ce qu'il me connoit de biens.

Nous terminons à l'amiable par le ministére néanmoins d'un Procureur au Chatelet, nos contestations au sujet de la donation. Nous nous donnons quittance respective à la reserve de 2715 liv. reliquat de mon compte de tutelle, sur la ville. Il en touchoit le prix par ses mains. On avoit eu l'attention dans ce compte de ménager le remboursement du capital. C'est tout ce que je savois devoir. La garantie des dettes accusées à un aquereur, * desquelles ma fille pouvoit être chargée, ne nous vint pas à l'esprit ni à celui de nos conseils.

Je répétai ce que j'avois toûjours dit très constamment, que si je ne touchois à l'instant de la signatute, il n'y auroit rien de fait. Que je ne vendois qu'à cette condition, Que l'on pouvoit la rejetter.

J'ai laissé dans les mains de l'aquereur les 2715. Il m'a payé le reste comptant, comme nous en étions expressement convenus, crainte de chicane d'oppositions mendiées dont j'avois fait l'épreuve.

C'est ce qui me fait demander la main lévée de toutes, pour acquiter tout, afin d'étouffer tout germe de division nouvelle.

Les deniers reçus n'existent plus dans ma main. J'en ai fait de bonnes œuvres. On ne doit pas les publier. Les autres biens que j'ai sous le soleil, sont la juste garentie de l'aquereur. Il ne lui est pas avantageux d'en dissiper les deniers, par des saisies conteuses & sans fin. Les dettes aquitées, les opposants sont sans prétexte, & lui sans intérêt.

Mon gendre est seul opposant. Il réfuse main levée; En vain depuis un an, lui en demande-t-on amiablement les causes, pour y être fait droit. Il n'ose dire la véritable. C'est pour ne pas payer les 3 mil & tant de livres qu'il me doit annuellement.

Mes enfans débitent pour pallier leurs procédez, que je veux mettre tout mon bien en viager. C'est avec eux que j'ai commencé, je m'en répends. Si j'avois

* Cause avec un Aquereur à qui main levée est due.

voulu continuer, je n'aurois pas manqué d'occasions; ni de temps, ni d'argent. La réponse est peremptorie.

Quels moyens atroces imaginent-ils. Amené chez Me. M..... Procureur, pour une terre près de Paris, Elle pouvoit me convenir, Il étoit chargé de la vendre. Il m'aprit comme un bruit vulgaire, les injurieux projets de m'enchainer, concertez avec mon gendre. Il avoit fait de ce Procureur, dont les talents sont connus, & la réputation faite, son conseil afidé pour m'asservir en tutelle, afin de tenir de la litige, mes biens que la Loi reserve aux peres, pour qu'ils doivent au moins à la crainte de les perdre, L'illusion flatteuse des bons procedez. La difficulté seule, a reprimé, non éteint, ces desirs fougeux. Ils annonçent d'odieux portraits. Ils ne seroient pas reconnoissables. Mais je ne suis pas connû, la prévention est à craindre.

Si je n'ai pas de grands talents, je ne suis pas imbécille. Ce n'est pas moi qui suis furieux. On ne peut me reprocher d'autre prodigalité que celle des bienfaits dont j'ai comblé mes enfans de mon vivant,

Notorieté, Titres, Signatures, ce sont mes preuves.

On a déja vû que j'ai fait à ma fille en Décembre 1762, donation d'une terre seig. aux portes de Paris, pour laquelle j'avois marchand aux mêmes conditions à perpétuité, je l'ai donnée en viager.

Elévé sous les yeux d'un pére pieux & infirme auquel j'étois bien attaché, je me suis asservi jusqu'à 25 ans, a l'éducation la plus sévére. Je n'avois ni le tems * ni l'argent nécessaire * pour prendre les habitudes mauvaises & dispendieuses.

On s'arme d'un Testament de ma mére, désaprouvée par mon pére. Il me rendit toute la justice qu'il pût. Il

* Tous les jours en toutes saisons, retiré sur les 7 heures du soir. J'ai pris une humeur casaniere que j'ai préféré toujours aux agrémens de la dissipation.

* On me comptoit réguliérement tous les mois un écu pour mes très menus plaisirs.

ſavoit qu'il étoit ſuggéré par le reſſentiment du Confeſſeur de cette dame, qui m'écontente de mon tour de France, autant que mon pére en avoit été ſatisfait, voulut à mon retour m'arrêter dans les liens du mariage, pourvû qu'elle en épargnat les frais en faveur des pauvres.

Cela n'éffraya point ſon Confeſſeur : il étoit ſon aumonier ; Il parla d'une de ſes parentes. La famille ni le bien ne convinrent ni à mon pére ni à moi.

Qu'il fut étonné de voir au déceds de ma mére, dans un Teſtament d'elle, dont on lui avoit fait myſtère, mes enfans légataires univerſels, à la vérité ſans ſuite, & l'uſufruit à moi reſervé.

Me. Couëſau donc les talents alors ſupérieurs diſtinguoient au Barau cet avocat, fit le partage, & m'avertit que j'expoſois quarante mille franc de mon bien. Mes enfans m'étoient plus chers.

Hélas ! je perdis ma femme. Nouveau compte avec les ſubrogez tuteurs devant Perette le plus fameux Notaire du temps.

Enfin mon compte de tutelle eſt en régle. C'eſt l'ouvrage de Me. Ledeguire, mon Notaire. Mes fureurs & mon imbécillité prétendue, me laiſſent choiſir & ſuivre de bons conſeils.

Je n'ai pû depuis conſulter mes titres. Mon Notaire les retenoit. J'étois aquitté. Mais mon gendre lui devoit.

Je ſuis dit-on diſſipateur. Qui le dit ; Quelle noirceur dans tous ceux qui m'environnent, (ce ne ſont pas mes enfans, ils ne m'ont jamais frequenté) de me trouver trop reſſerré.

L'accablement ou me jettat la mort très inopinée de ma femme choiſie, non par l'intérêt ni la paſſion, mais par l'eſtime, & chérie, dont une lettre de ſa main m'aprenoit la ſanté 24 heures avant ſon trepas ; me fit chercher une ſolitude, & pour mes enfans le bon air, aux deſerts de Montmartre. Une maiſon m'y fixat. Batimens, meubles, tablaux, livres d'usage & non curieux, mais choisis, rejetterent dans la société le superflu que me procuroit mon arangement, & que d'autres perdent en parties fines, à la table, au jeu, sans me priver d'une ressource prudente dont mon gendre m'a fait faire usage.

Cet emploi porte interêt. Les effets augmentent en valeur. Il en est que le temps encherit.

Il me parut mieux de nourrir de pauvres manouvriers utiles au public, que l'oisiveté des mendians & tous leurs désordres; ou que d'étaler ma vanité dans un buffet, ou que de cacher dans un coffre fort, un métal dont la circulation est la santé de l'état, & je crus plus seur de faire mes aumônes par mes mains que d'en charger d'autres.

Je me suis épargné de grosses réparations, en me defaisant de maisons dont une a été rébatie avant la fin du Décret, & de terres que j'avois aquieses, sur lesquelles j'ai beaucoup bénéficié. Je ne me ruine pas. Le bien de me péres est augmenté, même en passant de beaucoup leurs dépenses, & dans un Etat qui n'enrichit point.

J'ai fait des remboursements considérables. Je ne dois pas en compter. Je ne sai rien d'aliené des biens de ma mére & de ma femme. Je ne suis tenu qu'à des garenties, pour lesquelles je présente des effets sous le soleil plus que suffisants, & qui ne peuvent s'éclipser, ou des remboursements qui éteindroient les dettes, lorsque les effets seront dégagez des oppositions de mon gendre. Il effraye le peuple.

Je n'ai pas comme lui, contre le veu des familles acheté des terres dont l'éloignement put nuire aux devoirs de ma charge, exposer sur la route ce que l'on a de plus cher, & m'y faire manger le restant de mes créanciers, dont je serois devenu le fermier. J'ai aquis une terre seigneuriale aux portes de Paris. Je viens de la donner à ma fille, avec qui j'ai beaucoup perdu. La donation a épargné des droits, ce qui la fait préférer à la vente, heureusement pour ma fille & sa famille à qui la vente eut été nuisible. Mon gendre ne doit pas se prévaloir de sa complaisance. Il est vrai que cette donation plus forte que le douaire, la libéré. C'est une dette funebre payée de mon vivant.

Mais il est dit-on des dépenses sourdes & que l'on ne voit point. Doit-on parler de ce que l'on ne voit ni n'entend.

Un voisinage aimable ajoute-t-on, mais dangereux, fait suspecter le dérangement.

Des dames, la mére & la fille mariée à un officier titré me firent visite de voisinage. La jeune dame étoit charmante, & plus estimable encore. Elle me demandérent au bout de 18 mois de connoissance, un apartement chez moi, qui ne m'étoit pas utile.

La Supérieure de St. Agnez ou ces dames avoient demeuré, me dit beaucoup de bien de leur séjour. La jeunesse & la beauté sont des faveurs dangéreuses. Les petits Mes. les calomnient par dépit ou par vanité. La canaille est leur echo dans les cabarets. Après tout, une Madeléne répentante, vaudroit bien une inocente. Edifiante pendant les trois ans qu'elle m'a payé pension, comme si mes intérêts qu'elle prenoit avec vivacité ne l'aquitoient pas, elle fuyoit les spectacles & les promenades publiques : Elle étoit la plus assidue à nos exercices de piété. Je l'ai réunie à son mari. Nous n'étions pas jaloux l'un de l'autre. J'ai du Sousprieur des Feuillant Confesseur de cette Dame, une lettre qui confond les calomnies. C'est une belle oraison funébre de cette défunte infortunée autant qu'accomplie.

Quels soins ne prenoit-elle pas de mes enfants, ma fille peut s'en souvenir. Elle a oublié ceux d'un pére.

Il fallut la mettre en couvent quelque désir que j'eusse de l'élever sous mes yeux. Je l'esperois des attentions d'une gouvernante dont je payois cher le mérite.

Ma prévoyance me fit préférer à Paris la ville de Pontoiſe, ou ma fille fit deux couvens, de l'un deſquels on me la renvoyat avec beaucoup d'attendriſſement ſur mon ſort (ſes complaiſances ou même ſes applaudiſſements aux perſécutions que me fait ſon mari, n'étonnent plus,) & à l'Abaye de Montmartre celle de Gif, pour éloigner l'enfance de ma fille du voiſinage d'un proche parent maternel. Je ne le nommerai point, mais comme il ſert de modéle aux oppoſitions dont je me plains, il me faut le crayoner, pour que l'on ne s'en autoriſe pas.

Il avoit penſé perdre ſa charge, à ce que m'on dit ſes deux ſœurs; pour une galenterie nullement honorable qui lui coutat. Il n'étoit connu que par ſes bals, ſes feſtins, ſes théatres, ſes artifices, ſes fêtes, ſes batiments dans un quartier perdu, pour y loger ſes originaux prétendus qu'il vouloit léguer à l'Académie de Peinture, n'y ayant qu'elle qu'il en crut digne.

Il ſéduiſit à force de lettres & d'argent, ma fille a 16 ans. Elle ſe révoltat contre moi ſans retour, quelque propoſition que je lui fiſſe. Hélas! Elle me reſtoit ſeule après avoir perdu 4 garçons de la plus belle eſpérance. On doit excuſer mon empreſſement à l'établir, quelque jeune qu'elle fut, plûtôt que de plaider avec ce parent, qui me raviſſoit ma fille.

Pour mettre ſes biens en des meilleures mains que celles du parent, & des ſubrogez tuteurs qu'il s'étoit aſſociez, parcequ'avant leur banqueroute, ils avoient le renom meilleur, ils étoient connus plus que moi, de ſa famille du Lionnois & de la Bourgogne: mon age me laiſſoit ſans parents, ma retraite preſque ſans connoiſſance, j'écoutai les partis qui ſe préſenterent pour ma fille.

Un Preſident à mortier d'un Parlement de Province, vint en cérémonie me redemander ma fille en mariage, pour un Seigneur en place, de ſes parents, riche, mais des bienfaits du Roi. Je ſentis tout ce que je devois eſpérer de ſon crédit pour mon intérêt propre. L'inégalité d'âge, l'effroi d'un nom sans biens successifs, me firent tout sacrifier, & préférer un Conseiller au Parlement de Paris, qui dans une famille honnête n'avoit que de la réputation. Vain renom! Le cœur fait tout. Je l'ai bien chéri. ce persécuteur, puisque je ne puis le détester. Je viens de lui en donner des preuves récentes, mêmes depuis la donation de ma terre, & l'étrange reconnoissance qu'il en a eue

Je ne réfléchis pas assez alors sur ce que l'on me dit, qu'il se marioit, pour s'éloigner d'un pére, avec qui les frivoles contestations sur la preéminence, l'avoient brouillé.

Quels maux il me fait, ce gendre tant aimé! Seul opposant, Il me réfuse la connoissance des motifs de ses oppositions sur tout ce qu'il me connoit de biens, je la lui ai demandée & fait demander pour y être fait droit, depuis plus de deux ans.

Il me fait menacer sur Papier timbré par un acquereur, pour qu'il me réfuse main levée, de m'exécuter, faute de pouvoir lui remettre des deniers qui ne sont plus dans ma main. On m'anonce par huissier les horreurs de la captivité pour m'éffrayer.

Je suis contraint d'exposer à plus de 250 lieues, mes effets les plus rares, que la justice ne pourroit me rendre, parce qu'ils ne se retrouveroient pas, de donner à loyer ma retraite, dont la solitude faisoit mes délices, & d'en vendre à vil prix les meubles choisis pour subvenir aux frais ruineux que nécessite cette guerre cruelle que me font mes enfans, & qui m'empéche d'employer mes fonds. Par état chargé d'arêter l'infraction des Loix, mon gendre se croit-il tout possible par état.

Il s'oppose à la délivrance des deniers de cette vente. Il m'en doit de clairs & d'exigibles. Je ne dois rien, que des garenties pour assurer des remboursement après ma mort. J'offre des effets plus que suffisants sous le soleil, ils ne peuvent s'éclipser, ils sont sujets au décret, ou le remboursement des dettes, dès que les mains levées des oppositions sur les dits effets, en faciliteront la vente.

Elle me nuira. Je suis avec mes créanciers qui sont sans privilége au dernier 25, avec retenue des impositions. L'emploi de ces deniers sera bien moins bon. Mais ces objets de cupidité sont des pierres d'achopement. Il faut les écarter sur la route de la paix, pour l'engager au retour, & à se fixer.

Quand je serois le contraire de ce que ces détails annonçent, Quand les comptes & partages, l'ouvrage des praticiens les plus famez, seroient défectueux, Quand par surprise ou par vol qui m'eut été fait, il y auroit des deniers détournez, je dis, qu'appartient-il à ma fille, constatez. J'aquitte.

Depuis deux ans mon gendre à mes titres & papiers. Il les a retirez tous, du Notaire à qui il avoient été remis, pour la confection du compte de tutelle, parce qu'en conséquence d'un arangement que j'ai bien voulu faire avec lui, j'en ai pris sur ce qu'il me devoit, mon aquitement avec le Notaire. Mon gendre me les demande, & je les réclame de lui. S'il veut attaquer mes titres, qu'il cherche les preuves de sa critique : il est demandeur en revision. Qu'il les produise à l'audience. Il doit être prêt. Il voudroit faire un procès par écrit qui ne fut terminé que par le terme abrégé de mes jours, qu'il abreuve de fiel, & qui ne peuvent résister longtemps à ses poisons

En voici de nouveaux encore. En Septembre 1764, Mer.... soi-disant Commissaire de Marine, qui devoit avoir toute ma confiance, parce qu'il m'avoit des obligations, me conjura de prêter pour 6 mois à 6 pour cent aux taux du commerce, 2400, à une pauvre veuve, sans habits disoit-il & sans pain, qui poursuivoit au conseils des droits certains, Que ce prêt lui seroit à lui même utile, Qu'il faisoit les affaires de la dame, & que le billet seroit endossé par le Sieur Horutner, Banquier à Rouen ; flatté de faire une bonne œuvre & un plaisir, à un homme à qui je devois croire de l'honneur & de la reconnoissance, je prétai l'argent sans aucun autre intérêt. Le besoin ou me reduisent mes enfans, m'a fait escompter ce billet à perte. A l'échéance j'ai été bien étonné de le revoir protesté à cause d'une opposition de mon gendre.

Elle n'a non plus que celle aux Tapissiers, ni titre, ni prétexte. Elles sont une infraction manifeste de l'ordonnance de 1667; & de la coûtume. Elles auroient été lévées sur le champ aux Consuls suivant la jurisprudence constante de ce sage tribunal, si des espérances de paix & de conciliation, espoir dont j'avois éprouvé déja la frivolité, mais désiré, ne m'avoit encore arrêté. Mon cœur, mon tendre cœur seroit-il incorrigible? Qu'attendre des destructeurs, des Loix, qu'ils devroient maintenir.

Je persiste dans mes conclusions.

RITMES
DE
L'EDITEUR.

L'Auteur né ſans miſére & ſans
ambition
Pour des Enfants cruels avoit un
cœur trop tendre.
Les Muſes & la Paix étoient ſa
Paſſion.
Qui pouvoit la troubler ? l'Enfer?
Nón. C'eſt un Gendre.
Un Gendre Idolâtré ! Quelle ex-
piation !

DERNIER SOUPIR

ſur la Croix.

Dès le Berſau, jouet victime de la mort,
Sa vivifiante faux va me faire un bau ſort.
D'un éternel prin-tamps elle ſera la ſource.
Soixante & dix Iverts vont terminer ma courſe.
Ranimez-vous mes ſans. Prêſt à perdre le jour
Que mon dernier ſoupir ſoit un ſoupir d'Amour.
Sur mes lévres errante aretez-vous mon Ame.
Que j'expire en donnant mille baiſers de fla[illegible]e,
Cher objet, que mes ieux puiſſent ancor s'ouvrir

Ma défaillante main, vous tenir,
& Mourir.

Ces Ritmes n'anoncent ni le poéte, ni l'inbecille ni le furieux, ni le dérangé La profe prouve larangement.

A MADAME

LA PREMIERE PRESIDENTE

du Parlement de Paris.

MADAME,

Madame la premiére Présidante du Parlemant de Paris partage les fon-

xions que son titre anonce, non an discutant les loix, mais an leur rapélant un Oprimé. Le Droit naturel qui deffand aux Anfants d'outrager & de subjuguer leurs, Peres, ne leur permet point d'an acréditer l'Example, par la réussite, Les fauteurs seraiut complices.

J'ai l'oneur d'être avec bien du Respect.

CHAPITRE 12.

SUITE

Des Mémoires & Deffances de Mre. A. D. B. de P. . . . . . . Chevr. Contr. du Roi très-Crêtien en ses Conseils, Me. des Comptes à Paris, &c. &c. &c.

CONTRE

Mre. Cl. Guil. L. . . . Coner. au Parlement 2de. Ch. des Enquêtes à Paris, & la Dame son Epouse.

VOIX PATERNELLE.

CRI

DE L'AVIDITÉ DÉNATURÉE.

Extraits interressants.

LETTRE, que m'a écrit ma fille le 12 Août 1764, qui prouve les dires de Me. M. . . . Pr. . . . , ainsi que les sentimens de mes enfans.

Il n'y a que la douceur qui ait empcêhé mon mari de prendre des voyes qui vous auroient été bien dures, mais qui auroient avec raison mis notre bien à couvert... Bien d'autres que lui l'auroient fait, j'ose même dire tous... C'est à nous une déraison marquée de ne point prendre les moyens d'y obvier... Et quand il agiroit en conséquence il ne feroit que rendre justice à vous & à sa famille, à qui il est obligé en conscience de le conserver.

A mon Gendre.

La juste impatience de mon aquereur ne me permet pas de differer un moment, à demander en justice, les mains levées, ou les motifs de toutes vos oppositions, & de vous rendre responsable des poursuites de mon aquereur, occasionées par votre fait. Le nantissement surabondant que je présente, ou l'aquitement que j'offre, paroissent à mes conseils des moyens sans replique. Je ferai pour mon honneur imprimer mes défences. Il faut faire voir que je n'ai pas besoin de tuteur, & que l'interdiction dont j'ai été menacé ne seroit pas possible, n'ayant à vous plaindre ni de mes fureurs, ni de ma prodigalité, ni de ma démence, à moins que ce n'en fût une, de vous offrir encore une amnistie générale si vous vous convertissiez.

A ma fille le 24 Juin.

Après que votre époux a sur papier timbré proposé lui-même l'amiable tant de fois offert, comment lui preférét'il à present l'éclat d'une plaidoirie qu'il doit assurément craindre quel que soit son crédit & la réussite. Mes défenseurs pourroient foiblir, je suis forcé de prendre moi-même la plume. Celui qui vous emploie, *écrit votre époux à mon Procureur (mon gendre n'oseroit dire mon beau pere, ce terme contrasteroit encore trop avec ses procedez,) celui là sera jusqu'à la fin, son Bienfaiteur & le votre, & votre plus sincere ami, comme David l'étoit d'Absalon. Votre interest qu'il pretexte avoir pû être lézé par les Conseils les plus fameux, le rendroit bien coupable d'avoir été si long-tems à s'en éclaircir, & votre défiance qui vous fait mettre la main sans égard sur tout ce que vous me connoissez de bien, est injurieuse à un pere, qui vient de vous donner les marques les plus vives, des sentimens les plus tendres, malgré les traitemens les plus durs.*

Les allegations sans preuves, les preuves même d'une vivacité passagere ne demontreroient autre chose, n'ayant pas eu de suite, que vos insultes & ma tendresse qui m'a désarmé.

Le compte de tuttelle met au fait de tout. A-t'on dû le signer sans attention. On l'a portée au point de vous réserver le remboursement d'un petit capital, dont la rente m'apartenoit.

Je ne veux point rester dans vos fers. Je leur préfererois la Bastille. Ce que j'ai dans le cœur, je l'ai sur les levres, dût-on en abuser. Revenez aimable paix. Donnez moi le gendre dont le choix me flattoit. Régénerez ma fille unique.

A la même le 21 Juin.

Ma chere fille, vous l'êtes, quoique je ne voie pas en vous les sentimens naturels; je pourrois imiter votre mari, faire des oppositions sur tout ce que je vous connois de bien. je n'aurois pas à vous demander les causes, comme votre mari le fait, pour m'aprendre les motifs des siennes, je ne rend pas le mal pour le mal. Vous vous faites justice, vous dites bien du mal de vous & de votre mari, lorsque vous trouvez mes dires affreux. Ils le sont au fond autant que vrais. Je le puis prouver par titres & par lettres, si l'on me forçoit à en trahir la confiance. Mrs *de L... & G... Avocats, ce sont des noms connûs, m'ont écrit & dit, ,, le I*[er]*. J'ai lû avec plaisir votre beau & ,, éloquent plaidoyer que je vous renvoie. Vos conclusions ,, pourront toucher vos juges, & même vos parties ad- ,, verses, à qui je crois que vous devez avant toutes cho- ,, ses, les communiquer; je l'ai fait. ,, M. G..... m'a dit, qu'il paroissoit bien que votre époux avoit avec moi de grands torts: qu'il le lui diroit parce qu'il étoit vrai. Qu'il falloit accomoder cette affaire. Que mon écrit étoit plein de sentimens pour vous deux. M. de L.... lui a fait une lettre pour l'engager à nous concilier.*

Je ne veux pas que mes défences passent pour l'ouvrage des Avocats; j'ai dessein de faire voir que je ne suis pas imbécille, ni furieux, ni dissipateur, & conséquemment point sujet a votre tutelle, ni à l'interdiction. Il est vrai que les procureurs craignent votre mari, vous dites d'ailleurs que mon affaire interesse l'honneur, véritablement, les ap-

parences contre moi sont affreuses. Je suis obligé de me défendre moi-même, & de repousser le deshonneur que vous me faites.

Mettez le feu dans ma succession. Ce qui me reste au bout du monde, & qu'il seroit plus aisé de réjoindre que de rappeller, me suffit, pour le peu de malheureux jours que j'ai encore à craindre. J'ai toujours été sobre. Je comptois vous le ménager, mais je ne dois pas l'exposer à vos regards avides ni perpétuer vos insultes & nos débats.

Je soutiens le droit des peres : le votre. Vous avez des enfants. C'est à eux que vous donnez de bien mauvaix Examples, *contre vous même. Leur innocence les préserve.*

*Votre mari, dites-vous, a l'*estime des Irs Magistrats, & des plus grands Militaires. *Cela me fait sentir la frivolité des reputations ; il m'a seduit. Il se le croyent peut-être utiles. Auront-ils la même ténacité de sentimens que moi.*

Je suis singulier, dit-on, l'éducation sévére dont j'ai l'obligation a un pere très-cheri, m'a appris à me suffire à moi-même, à ne pas embarrasser les autres, d'un loisir qui ne m'importune point. Je n'admets que les singularitéz qui ont l'attache de la raison. Je vous embrasse cordialement, n'ayez pas peur que je vous étouffe de caresse. Je suis singulier mais vrai.

Par ménagement pour vous qui n'en avez pas pour moi je n'imprimerai pas les noms, pour qu'ils ne soient connus que de ceux à qui je ne pourrai les taire.

À la même.

C'est la vérité. Le secret avec lequel vous vous êtes defait pour rien, de la terre que je venois de vous donner à toute autre intention que vous connoissiez, mon gout pour mon cher hermitage que vous exposiez à la saisie, m'ont fait penser à le vendre avec ses meubles choisis, au dessous de leur valeur, pour me l'assurer ma vie durant, & à ma petite fille ou à ses héritieres majeures ; de mon côté & ligne. Mon attachement à ma famille est plus fort que mon intérêt. Est-ce ressentiment? C'est sentiment.

Quand on auroit trouvé l'Agent de change à qui j'aurois remis mes effets, en attendant qu'il me fut possible de placer plus solidement, il seroit lié par la religion du serment qui lui impose un secret inviolable dans tous les cas. *Arrest du conseil du* 24 *Septembre* 1724. *Art.* 26 *&* 36. *Il défend des* régitres publics ou soient nommées les personnes avec lesquelles il négocie. *Doit-on trahir une confiance qui auroit attiré un dépost volontaire. On doit dire ce qui n'est point à qui doit être instruit que l'on ne doit pas dire ce qui est. On est parjure au public en faussant le serment de sa reception. Une opposition seroit nulle. Une trahison, l'infraction d'une loi peuvent-elles être ordonnées par la justice. S'opposeroit-elle à ce que l'on lui fut fidelle. En gagnant même, l'Agent infame se perdroit par l'éclat, & sa compagnie. En seroit-il indemnisé par l'intérêt qu'il retireroit indument des fonds d'autrui. Son commerce, ses confreres & lui, seroient decriez. Y seroit-il insensible, & à l'oprobre de la perfidie. Adieu ma fille jouissez de la santé que vous m'enlevez.*

A la même.

J'apprends que votre époux est infirme, & que vous remplissez vos devoirs auprès de lui. Le Dieu qui commande aux enfans d'honnorer leurs péres, s'ils veulent une vie saine & longue, fait quitter l'autel pour aller au devant des malfaiteurs.

Le jour même que j'ai reçu votre lettre, je vous ai souhaité par ma réponse, la bonne année à tous. Vous deviez me prévenir si vous le pouviez avec sincérité. Votre peu de liaison avec un pere tendre, toujours pere, fut-il sans enfans, m'a laissé naturellement oublier votre adresse, & j'ai mis la Fléche pour Baugé, la crainte que ma lettre ne vous ayant pas été rendue, vons ne prissiez le silence pour rancune, me fait vous écrire que par un miracle, ou par l'effet prodigieux d'une philosophie dont vous m'exhortez à perdre la moitié, *je ne sens pas le moindre fiel contre vous tous qui m'insultez tous les jours par de nouvelles oppositions aussi diffamantes que mal fondées. Elles ne profitent qu'aux gardiens. Les dépositaires font leur bien du mien. Vous donnez ce qui n'est pas à vous. Vous ne profitez pas même de mes pertes. Elles sont encore plus les vôtres. Cela ne vous rend que plus coupables.*

Qui m'oprime ! des enfans. Je ne leurs dis pas, payez-moi ce que vous ne pouvez nier me devoir. Je leur répete, prouvez que je vous doive : je vous paye aussi-tôt. Vous demandez justice. Eh ! Quelle autre.

*Vous me taxez honnêtement d'*inhumanité. *Les trahisons de vos domestiques, les aije achetées, comme vous, la perfidie des miens. Aije mis un pere tendre sous le couteau d'un étranger. Aije contraint un bon pere à tout risquer pour ne pas tout perdre ce que la justice ne pourroit retrouver pour les rendre. Mes étrennes de 1763, une terre seigneurale aux portes de Paris, de laquelle aux taux ord*[res] *je pouvois me faire une rente perpetuelle de 4500, & que je vous ai donnez pour un viager de 3000, &c. ont bien prouvé mes sentimens pour vous, mon estime, ou plutôt mon foible pour votre mari. Je l'ai préfere sans autre vis-à-vis à ce qui pouvoit m'interesser, que l'esperance fondée de votre vrai bien, & d'un retour si merité. Malheureusement, l'esprit se hâte de se produire par vanité, le cœur se cache par interest. L'on ne le decele pas à tems. L'ami de la vertu n'en suspecte pas la seule apparence.*

Toujours des reproches dites-vous ; il est naturel de crier quand on nous blesse. Eh ! quoi, vous remercirai-je de vos coups. Oui vous abregez ma route & mon exil.

Aprenez à vos enfants qu'il ne leur est dû des biens successifs après vous, que ce que leurs bons procedez meritent que vous leur conserviez, je me suis plus qu'acquité de mon vivant d'une dette funebre. On ne devoit attendre le douaire qu'après ma mort, s'il reste à parfaire, je l'offre, dès que vous m'aurez instruit, & que les mains levées le rendront possible.

Fût-il aux requêtes du palais & à la grande chambre des juges qui pussent me faire perdre une cause si juste, il vaut mieux être immolé que de s'abandonner. Seriez-vous dans l'ordre en vous laissant dominer par vos enfans. Je ne veux pas vivre en desordre.

Qui a-t'il a dire aux Actes des praticiens les plus fameux. Dites. Pourquoi faire heurler la chicanne. Je ferai droit. Ce desir, ainsi que la crainte de vous offrir des objets d'insulte en découvrant mes biens, & de perpétuer nos querelles a exposé beaucoup de mes effets à l'instabilité dont la juste frayeur, m'a fait négliger l'emploi de beaucoup d'autres, jusqu'à ce que nos troubles cessez, j'en trouve un solide.

J'apprends que le nombreux lignage & les infinies connoissances de votre époux sement dans le public que je dissipe mon bien en fantaisies; est-ce mon bien, quel compte en dois-je, est-il celui d'autrui, je rends au plus vite. Que l'on le montre, je démontrerai que ces bruits sont calomnies infamantes dont on me doit réparation.

Je ne me connois qu'une fantaisie, encore a-t'elle en mes enfans pour objet; c'est un effet sur la moitié du quel j'ai refusé par religion & bienseance plus du capital de l'aquisition en quatre années de revenu.

Si votre mari n'y met ordre au plus tôt, je me laisserai tout saisir sans me défendre. Tant pis pour les incendiaires. Chassé de mon hermitage il en faudra chercher un autre. Ils me rendront un ciel plus pur. Je lui laisserai ma veangeance, & si la partie n'est pas finie, on peut la leguer à de bons joueurs.

Les maux que vous me faites ne sont point imaginaires. Ils sont très-réels, pour vous-mêmes, vous devez vivre & revivre plus que moi.

Votre époux peut-il avoir oublié ma tendresse. Il est mon fils adoptif. A Paris comme à Rome, les loix lui font partager vos devoirs envers moi. Si vous avez des sentiments, vous n'avez pas de crédit. Apprenez moi du moins par la poste de Paris que si vous me manquez ce n'est pas indifférence, mais contrainte. Cela me consoleroit. Je ne puis louer que votre véracité qui vous en empêche.

Vous me conseillez tendrement pour la seconde fois de me mettre en couvent. *Je suis hermite ma fille, mais je ne veux pas que vous me tondiez pour être cénobite.*

Mes domestiques *ne me* mangent *point. Est-ce eux qui mettent la main sur tout mon bien, qui me font vendre livres, tableaux, glaces, raretés, vous m'avez contraint de tout disperser pour ne pas tout perdre sans retour. Helas! Revenez, je ne suis pas loin.*

A la même.

Vous voilà de retour, & je l'apprend d'un autre. Nous sommes à Pâques. Point de salut ni pour votre mari ni pour vous, ne fussiez-vous coupables que de m'exposer au fiel mortel dont le contrepoison est un miracle. Un pere se quitte pour un mari! L'on ne doit pas perdre un pere. Il ne se retrouve pas. Vous m'avez contraint de faire passer les mers à mes raretez précieuses, pour les mettre à l'abri de la trahison. Vous ne pouvez savoir où, que par moi, non plus que les fonds qui les ont accompagnez. Vous vous réduisez vous-même à la légitime. Elle est déja bien diminuée de ce qu'elle eût été. Vous laissez toujours un étranger en droit de me saisir tout, quoique je ne doive rien qu'une main levée que vous me refusez. Sa patience à la fin se lassera. Ce qui menace avertit. Le silence frappe. Il surprend. Cela doit trop m'effraier ici. Quel prodige! Un étranger moins cruel que des Enfants.

Je ne demande & depuis deux ans qu'à me liquider avec vous, à n'être plus l'objet de vos insultes. Vous empêchez de solides emplois d'une grande partie de mes fonds, que les recherches me contraignent à disperser & à dissiper, en frais de toute nature, & faute de payement de ce que vous me devez. Vous perdrez les biens, un pere & votre ame. Abusez, si vous le voulez, des caquets de la tendresse. Adieu ma fille, adieu. à Mr.

Voilà

REPONSE A M....

JE suis il est vrai M.r au grand Santre. Mais quelle cacofonie si touttes les vibrations y etaint sensibles sous toutes sortes de doits. A moins que l'on n'i soit obligé par etat. Il ne faut parler de Dieu, qu'a Dieu. Le plus sage est de ne parler ni de Dieu ni du Diable. c'est a dire de religion & de gouvernemant. Tout dans la tete ne doit pas être bouche. Les orulles ici ramplies d'une melodie admirable ne se prétent pas volontiers aux dissonances de la controverse. Vous n'etes pas mon ouaille. C'est tout ce que j'ai pansé vous repondre.

Je suis ne ammoins catolique, & je merapele quesS. Prosper disait

Tout fidelle est sol dat pour deffandre sa foi.

Je crains que vous ne preniez mon silance pour impuissance où pour aquiescemant. Je ne repeterai pas vos objections. Les reponses les indiqueront. Elles seront sommaires.

I.

Les fausses divinirez garantiront comme elles pouront *leurs sibilles et leurs orades*. Apollon n' a pu conserver son trepier. Des imposteurs *commantaient a leur gré* des impostures Le vrai Dieu. Le Dieu vrai, serait trompeur, si les profetes qui lui raportent leurs missions etaient faux, & s' il ne confondait pas, leurs interpretes. Nulle *parité*.

Il est de l'essance de la profecie de preceder l' evenemant. Il la constate. Ce n' est donc pas a *l' instant* qu' elle *doit etre antandue*. Elle exerce la foy qui an attand l'acomplissamant. Elle eclaire les siecles futurs qui an sont les temoins. Il anonce qu' il est un Dieu. Seul, il fait l' avenir dont il dispose, & qu' il daigne aprandre aux hommes des vérités aloignées. Les moins importantes, l'Election de Cynes &c. préparaient à la reparation. Les profeties, ne sont donc pas inutiles, quoiqu'elles soient d'abord obscures : Un sage peut ne reveler ses secrets qu'à ses amis. Ceux a qui l'on est indifferant ou qui nous haissent, ne les entandent point.

I I.

Ils ne voient pas *l'accomplissemant du Jugemant dans la mort de chacun ni l'aneantissemant de Jerusalem*, qui, quelle qu'elle soit, n'est pas la meme, et n'a pas son Tample. L'opprobre, et la misere du peuple reprouvé jusqu'à sa resurrection, n'est pas companseé par l'opulance d'un petit nombre d'Agioteurs. Il ne peut comme dans les autres transmigrations, montrer le sceptre de Juda. Sait il ou est, cette tribu. L'on devoit l'y reco naitre jusqu' a la venue du Messie.

III.

Je vous sai bon gré de votre gratitude pour le bau presant qu'a fait aux homes l'Etre souverainemant libre an le creant libre à son image. ne l'est ici bas que quand on peu mesuser. Il devait donc y avoir *Safires*, *des Gourmands*, *des intestueux*, meme dans les tamps apostoliques.

On ne peut disconvenir que les graces de reparation n'aient eté *plus abondantes* depuis que l'infini a bi voulu suppleer a l'impuissance et quitter les dettes infinies de l'umnité.

IV.

Le Diable que les mechans prennent pour Divinité, s'an est toujours fait le singe. Mais quelle distance de l'orgueilleux denumant des filosofes, des grimaces & des piroitemants *des der-*

viches& des bonzes, a la vie angelique de nos bons solitaires etc. les souffrances et la mort ne sont pas *le martyre*, c'est la cause du temoignage. *Les fanatiques* ne temoignent que leur [illegible]esie.

V.

La violance n' a jamais soumis le Coeur. Elle fait des hypocrites. *La devotion des Ismaelites* Tures, Persaus etc. est charnelle, et la prohibition du vin etc. fait trouver meilleure l' infraction d' une lai politique dont la pluralitè des sammes ne se plaindroit pas, et utile a la propagation. *L' antousiasme* n'a qu'un tamps, des effets bornez. *Les sacrifices & les Gènes* de l'ancien culte, avoient leurs fètes, leurs plaisirs, plus palpables que les esperances d' un avenir invisible, dues a la foi qui n' est point naturelle.

VI.

A touttes ces douceurs, pourquoi les grands pretres et les autres ministres des Idoles n' auraient ils pas joint *l' estime et l'atachemant des peuples*. Si les apotres et les disciples *ont eu le talant de seduire, a leur propre risque*, Il leur eut eté bien plus facile des' insinuer an flatant les passions, qu'an les combatant.

VII.

La sublimité touche les sublimes non la canaille, qui ne peut qu' an ètre etonee passageremant. Ils auraient santi *la disparité de la morale evangelique avec notre faiblesse*. Ils ont vu que si l' on proposait une perfection celeste, on n'exigeait que d'y tandre, et qu'elle etait fort propre a ranimer le feu de la priere, homage essanciel, an nous faisant santir notre misere et nos besoins, a nous faire soupirer pour notre vraie patrie, a nous tenir dans l' umilitè par la vue de nos imperfections, point desesperantes, puis qu'il s'acorde au repanter sincere, une remission sansible, nouvau motif de reconoissance.

VIII.

Rien de *moins miraculeux*, on l' acorde que la persecution du Cristianisme n' aissaut. L' obstination à poursuivre des inossans, qui ne sont que dubiens seroit plus surprenante, si elle ne se perpetuoit point sous nos ieux, mais rien de plus merveilleux, n'y ut-il point d' autres miracles, que la victoire de l'Esprit pur sur la chairindocile et corompue.

On ne parle pas longtamps d' une *Rumeur populaire*. Elle tombe d' elle meme. Il n'y a qu'un Dieu qui puisse faire triomfer la folie de la Croix de la sagesse humaine.

Pour se *mettre a l'aise*, et conserver leur autoritè, les seuverains n'avoient que faire d' une religion qui les met si fort a l'etroit, et leur donne pour superieur dans le spirituels un simple pretre. *Si l'interest tamporel des premiers* Docteurs du N.T., leur a fait usurper celui des possesseurs acreditez, commant n' ont il pu conserver leur bien?

Le derangemant des loix naturelles, connues, *n' est pas variation* dans l' invariable. Un desordre aparant est dans son ordre immuable.

IX.

Le 1.es Concile aprand que l' obeissance a l' Eglise, est essancielle dans les loix memes de police. L' oracle a dit, obeissez a l'Eglise.

X.

Voiez le V. 22. du Chap. 5. de S.t Mathieu. Ce Texte clair, dit que repudier sa famme, ce qui n'est permis que dans l'adultere, n'est pas dissoucre le lien, puisque celui qui epouse la famme repudice, eſt ancore adultere. ℣. les ℣. 8. 11. 12. du Ch. 10. de S.t Marc. le ℣. 18. Ch. 16. de S.t Luc, eſt interpreté par les precedants. Ces euteurs ſacrez ne ſe *copient point ni ne ſe contrediſent*.

XI.

Celui pui dans toutte nation croit an Dieu, que l'on ne conait bien que par J. C. croit an J. C. Il ne ſuſſit pas a Conneille de croire a Dieu.

Les œuvres fyſiquemant bonnes an ce qu'elles ne deſordonnent pas l'anſamble, pour ètre bonnes moralemant, ont beſoin du reparateur. Il faut le connoitre. Qui le connoit lui obeit. Il dit ecoutez l'Egliſe. *Elle varie* ſans variation. Elle va fixemant a la perfection a la quelle elle exohorte. La varieté des climats an ne lui permet point une police partout, et tousjours la meme. An Gre-

165

ce et Calabre etc. même, elle tolere un mariage honête dans le Sacerdoce, commedans les tamps apostoliques; Mais qui ne conviendroit, que les anges de la terre ont plus de ressamblance avec ceux du Ciel an s'abstenant du mariage.

L' Eglise lit dans S.t Jaques Confessez vos pechez les uns aux autres. Ch.5.V.15. et 16. Priez les uns pour les autres. Apelez les pretres, qu' ils oignent d' huile un malade. Elle antand celui qui remit les pechez au paralitique, lui dire, Ceux a qui vous remettrez les pechez, ils lui seront remis, ceux a qui vous les retiendrez, ils lui seront retènus. Elle ne doit point être aveugle dans ce discernemant. La raison n' exige pas plus *de l' histoire, la conoissance du confesseur de S.t Pierre*, que les secrets, qu' il lui confiait.

Il est bien raisonable de respecter

la tradition. Les Ambroises, les Augustins, les Crysostomes etc. admirez dans leurs siecles, respectez des tamps dont la nuit obscurit tout, hors les astres, consacrent ces expressions, n'offansez pas Dien. Dieu vous punirait il se vangerait, craignez sa colere etc. Il faut parler aux hommes leur longage. An aton jamais conclu la Divinitè passible et passionee. On antand que Dieu doit a l'ordre la punition du mepres des loix qui sout le bonheur de l' humanitè, qu' il faut vangor du tort que lui font les crimes. Le criminel an est mambre et le corps soufre d' un mambre viciè. Sodome eut ete, sovee, si elle n' eut pas ete si malade. Les biens et les maux particuliers affectent l' ansamble. Deproche an proche, la cangraine s'etand et corompt ansin la masse. La conversion des ames est de l'intereſt public. La prudance fait eviter les pervers.

XII.

Vous *ne voulez vous brouiller avec perſonne. Vous montrez a tous un exterieur complaiſant*, Il faut tenir an bonne intelligeance, l'interieur et l' exterieur. L' un doit anoncer l'autre avec Candeur et ſans manſonge.

La loi naturelle eſt ſanſible comme vous le dites, mais c' eſt aux cœurs plus ou moins droits. Font-ils foule? ceux qui ne le ſont pas ſe peuvent redreſſer par les graces du reparateur. Il ſe ſert des inſtructions, du nouveau Teſtamant, de ſes commantateurs legitimes. C' eſt un bon petit livre diſait avec cette ſimplicitè qui caracteriſe un bel Eſprit unique à preſant dans ſon janre, il randroit heureux ici bas, quand il n' eterniſerait point lahaut, la felicitè. On obtient infailliblemant tout ce que l'on demande, au nom de J. C. C'est à dire an attendant tout, & an suivant la formule & le modéle qu'il nous a donné : Que votre volonté soit faite, ô mon Pere. On peut dire, Faite passer ce calice loin de moi. Mais que votre volonté soit faite & non la mienne. Randez-la conforme à la vôtre. Dieu veut être prié par J. C

Puisse Ananie ôter les Ecailles des yeux de Saul. Allez voir Ananie &c.

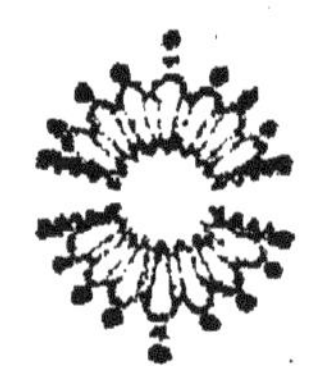

EXTRAITS DU RECEUIL

Des Fragmants Academiques, Theologiques, Juridiques, Moraux, Politiques, Tragicomiques &c.

§. 12. 13. 14. 15.

DES GERMES DU BONHEUR PUBLIC.

ORDRE SUPREME DE LA CANDEUR

AVIS

On placera les planches à l'Article VII. des Statuts.

DISCOURS

Dicté par la Candeur à un antique Jantilhome ami de la solitude & de l'Umanité.

UN nouvel ordre! A quel propos! Desordre ancien, mais général à pressant, & au comble, Vous exigez un nouvel ordre.

On s'ampare d' une grande maisondont l' antree etait accordee obligeamant. On an omicide la maitresse. Une famme conspire sourdemant, & ampoisonne un Mari,pour dominer seule ses Lares. Des anfans, les mains pleines des bienfaits d'un pere filosofe & tandre, de la succession du quel une assez promte mort, n'a pas la compleisance de les saisir, acablent sa vieillesse des plus cruels chegrins, le diffament & lepillent. Ses domestiques subornez ainsi que ceux qu'il devait croire ſes amis. Il les avoit obligez. Des Ajans publics corompus, trahiſſent leurs promeſſes qui leur avaient atiré des dépoſts conſiderables, dont ils profitent an violant le ſecrét & le ſermant de leurs offices: Un reſte miſerable de famille ſe prète par une haine injuſte & par humeur, aux fureurs les plus grandes. Des Tribunaux fermez, par le credit. Un paricide eſperé non ſeulemant ſans vindicte mais ancouragé par le ſuccez d'un Rapt qui depouille un vieillard, lui anleve ſes deffanſes, & le livre à une indijance plus cruelle que le Trepas, á plus de quatre cent lieues de ſa patrie, Les maneuvres l' an ont honteuſemant chaſsè. Voile, vous ne laiſiez voir ici que des evenemans particuliers qui touchent peu le public. Grands & petits, c'eſt votre hiſtoire. Commentateurs, vous dechirerez le voile, Je ne puis me reſoudre á le lever. Quels deſordres! Jamais eut-on plus beſoin d' ordre, de Candeur.

L' impreſſion précipitée des Articles ſuivans, eſt acordée a l' ampreſſemant de ſes amis. Ils voudraint la voir au plus tòt exaltée impoſer utilemant à l'humanité, lui faire craindre ſa degradation ſans lui deplaire, & meme an la flatant.

L'Auteur qui ne crut jamais l'ètre, à qui ce titre. & l'affiche deplurent toujours, n'a pas un ſtile complaiſant. Il riſque la ſingularité quand il lui croit l'atache de la raiſon, c'eſt ſa Reine, il lui cherche &

non à ſoi, des partiſans.

Dans un ouvrage ou l'on parle de politique, c'eſt montrer plus d'apacie, & de bravoure ſque d'induſtrie & de fineſſe. Elle fait moins bien ſes affaires, que la Candeur. L'art de ſe conſilier n'avoue pas des valets de comedie, qui font valoir par leurs ſoupleſſes, les intrigues de leurs Maitres. Un vrai Gentilhomme, rougirait de Duper un ſimple particulier, combien doit-on plus avoir honte de frauder un peuple. On n'eſt pas ſolidemant fripon. Un inſtant de jouiſſance ne lui fait point une poſſeſſion ſtable. Un ſuccez momantané ne lui an laiſſe plus eſperer.

L'ordre de la Candeur annoncera deçamant les miniſtres de la politique. Ils repreſantent les ſouverains. Leurs levres doivent être l'aſile aſſuré de la veracité de la fidélité, de la coreſpondance des ames. La parole en eſt la monnaie. L'impoſture eſt plus dangereuſe & doit être plus décriée que l'altération dans un ſigne du commerce. Un coup d'œil le découvre. Il n'eſt pas permis de la ſoupçoner légèremant, dans le fourbe inconu.

Puiſſants, vous l'êtes pour le bien, & pour le mal. Riches! Quels orateurs plus perſuaſifs que vous? J'ai vu trois Cours modeſtes, bannir de nations feroces & vaines, que des loix ſomptuaires auraient mal reprimées, le luxe des habits, & des meubles chamarez d'un métail dont la circulation vivifie l'état, comme celle des liqueurs, les corps naturels.

Le peuple eſt par tout imitateur. Il s'anorgueillit de reſſambler comme il peut, à ce qu'il ne peut, & vodrait ètre ; Se piquer de Santimànts nobles eſt à la portée de touttes les facultez. Cette vanité peut ampecher des actions qui la trahiraient. Un habille farmacien fait avec des poiſons malfaiſans des remedes ſalubres. Une main adroite rand le vice, mème utile à la vertu. Les mambres ſuivent les impreſſions de la tete (*). On lui

(*) Secundum judicem populi, ſic & inhabitantes in ea, & qualis Rector Civitatis, tales & inhabitantes in ea Eccleſiaſtic. C. 10. ℣. 2.

reproche leurs torts. La diffamation eſt generalle, quand la nation n'eſt pas honorée. Un corps tout vicié, qu'a til deſain? Son regime eſt il bon? Eſtimera-ton une juſtice mepriſee, & qui ne refrenne point? Des Anfants qui formillent ce vices, ne ſont pas bien eduquez. Un artiſte intellijant pólit les pierres les plus dures. Une éducation ſoignée & religieuſe fait renaitre les plus malnez. Elle n'en forme point des parfaits, mais de moins defectueux. Elle ne'ſt pas des panegiriques brillantez : Elle eſt moins des écoles ſavantes, que des prones ſolides & courts, (ils abregeraient une muſique invitante & qui retiendrait l'aſſemblée) Elle eſt des catechiſmes ſimples. L'exactitude aux inſtrutions, & leur fruit, aurajent pour recompance un ſacremant ou quelqu' autre prix déſiré. La Divinité n'eſt pas avare, & les amateurs de la décoration de ſa maiſon, la trouveraient mieux parée, par l'art, les pierres fines ou factices de couleur que par un metal qu'il ſerait un crime d'etat d'acumuler par avarice, & de laiſſer oiſif ou d'etre étalé par la vanité. Ce pourait étre un apas pour de pauvres familles, qui pretextent le beſoin qu'elles ont de leurs anfants pour ne les pas énvoier a l'inſtruction. Elle fait plus d'effet que des armées nombreuſes.

Un chef de brigands quelque forte & bien exercée que fut ſa troupe, ne peut prétandre qu'a l'horreur d'ètre effrayant. Il l' eſt encore . moins qu'une populace indiſciplinée, à qui la concupiſſance & la brutalité préſcheraient efficacemant qu e ce ſeroit imbecillité de ne pas faire ſes Dieux de tous les vices qui plaiſent, ſi l'Eternité ne devait ni s'eſperer ni ſe craìndre. Il faut l'anſeigner & la repeter ſouvant. Le tamps an efface l'idée, & Que le Ciel ne ſe contante point du ſeul culte des corps qui ne ſerait qu'un ſigne hypocrite, & des grimaces, dans les tamples, ancore trop profanez par les persona-ges du bel air, dont on parnd le ton, & les ministres meme des autels qui se familiarisent indesflament avec la Divinité. L'instruction solide arète souvant la main. Ses larcins Des exactions ne font pas fortune. Ils perdent les biens de comunicacion, qui senls anrichissent ceux a qui l'a-griculture a fourni le simple nécessaire. Les marais du nord, ont meme peu de ter-res. Ils sont devenus le de-post utile des richesses du

Monde. Les Grenouilles de ces marecages sont des Dieux marins.

L'objet de la Candeur, ordre supreme, pas que le souverain chef an sera l'Eternel, a pour objet de réunir ces avantages. Le bien s'acredite plus difficilemant que le mal. Le succez ne dépand pas de celui qui propose. Fut-il vainqueur des ennemis de sa souveraine, il n'aspire point à triomfer au Capitole. Il offre un immeuble dont il a refusé 6000. de revenu pour être une commanderie de l'ordre. Il ne désire que de luï acquerir quelques couronnes an attandant la conquète du Monde antier.

GERMES

Du bonheur public.

CHAPITRE XII.

LE flegme des Tribunaux de Justice incommode la Bouillante colere. Ce délire barbare qualifiè de point d'honneur, antretient une guerre intestine au milieu de la paix. Elle anleve aux etats de courageux deffansseurs. Un mot, un geste, une grimace, anterre un brave & bannit l'autre. Un premier mouvemant ne laisse plus antandre ni la Religion, ni les loix, ni la saine raiſon. On l'elude an apelant rancontre ce qu'elles puniraient comme Duels. On s'an procure toutes les facilités On s'ambaraſſe dans des Villes paiſibles & ſures, d'un inſtrumant de mort qui met à chaque inſtant la vie d'un citoïen an danger. Cette parure qui confond la nobleſſe avec les Exécuteurs de la Juſtice deſquels elle fait vanité d'uſurper les marques & l'amploi mepriſé, livre d'honnètes Jans aux fureurs d'une canaille vile &

debauchee. An foreſt, j'an ai fait l'experiance.

Il s'erait aiſé de decrier le port d'armes dans les citez, an an falſant la livree des domeſtiques á laſuite & ſous les ieux deleurs maitres, tout à fait desarmez, (les coutaux de chaſſe Reſſamblent trop à des Coutaux,) Ils ſont leur garde pour les deſſandre de la brutalité d'une groſſiere populace · Des hommes libres auroient plus de houte de reſſambler à la ſervitude que n'an eurent les jolies ſommes d'ètre confondues avec les bautez publiques, lors qu'il ne fut permis qu'a elles, de ſe galonner pour an degouter les Dames qui ſe piquaient d'honueur.

Les Anti les Anguſti claves diſtinguaient mieux les etats divers. Il ne ſerait pas difficile d'an faire des tributs diſtinctes. Un plumet ſufirait aun militaire un chapau ſans audaces et un mantau comme a Veniſe à la Robe. La diſtinction, bien plus que la devotion, habille detouttes couleurs les pelerins & les confrairies nombreuſes. Profitons de ce gouſt. Randons le l' organe de la deſſance. Elle rapelerait à chaque claſſe des citoiens, ſes devoirs. Elle les forcerait à rougir des deportemantsque deceleraient des marques diſtinctives.

C'eſt par les Riches & par les Grands que le bien doit s' introduire. Ils donnent le branle à tout. Tout eſt pour Eux, Tantation & piege. Les biens& l'autorité leur fracilitent les Excez. Tout eſt an eux ſeduction ou inſtruction. Conſtantin a randu catolique le monde antier malgré l'antètemant & les charmes du paganiſme. Les ſectaires ne doivent pas à leur eloquance & à leur ſavoir leurs damnables ſuccez, mais à la corruption & à la perverſilé des puiſſants. Le fanatiſme furieux reſiſte a la force qui veut le ſoumetrre. Il cede à l' example des grands. Les gtands font les grandes rèvolotions. Ils doivent ètre les meillenrs, par cequils ſont les modeles. *Op-*

timates, ſignifie les principaux & les Excellants.

Ils procurent le bien fyſique, an acreditant le bien moral. La ſimplicité, le réglemant des mœus, l'éloignemant du faſte, l'horreur de tout vice, une ame candide, feraient de bonnes maiſons. Le bien fyſique fait acueillir le moral qui le procure.

C'eſt an béneſiciant par tout que l'Incarnation a ſubjugué la chair.

L'ome le Roi des animaux plus forts que lui les dompte & an obtient tout, an cédant quelquesfois, à leurs fanteſies. La ſienne eſt la décoracion. Elle eſt ſouvant ruineuſe. Randons - la fructueuſe, & utile aux mœurs. Elle ne ſerait pas une fin ſurnaturelle : mais il eſt toujours bon d'acoutumer la nature à l'ordre extérieur. Il conduit au bien intérieur qui la diviniſe.

180

timates, ſignifienr les principaux & les Excellants.

Ils procurent le bien fyſique, an aereditant le bien moral. La ſimplicité, le reglemant des mœurs, l'Eloignemant du faſte l'horreur de tout vice, une ame candide, feraient de bonnes maiſons. Le bien fyſique fait acceuillir le moral qui le procure. C'eſt an faiſant du bien partout que la vertu incarnée a ſubjugué le vice. L'homme, le Roy des animaux plus forts que lui les dompte & an obtient tout, an cedant quelques fois á leurs fantaisies. La sienne est la decoration. Elle est souvent ruineuse, Randons la fructueuse, & utile aux mœurs.

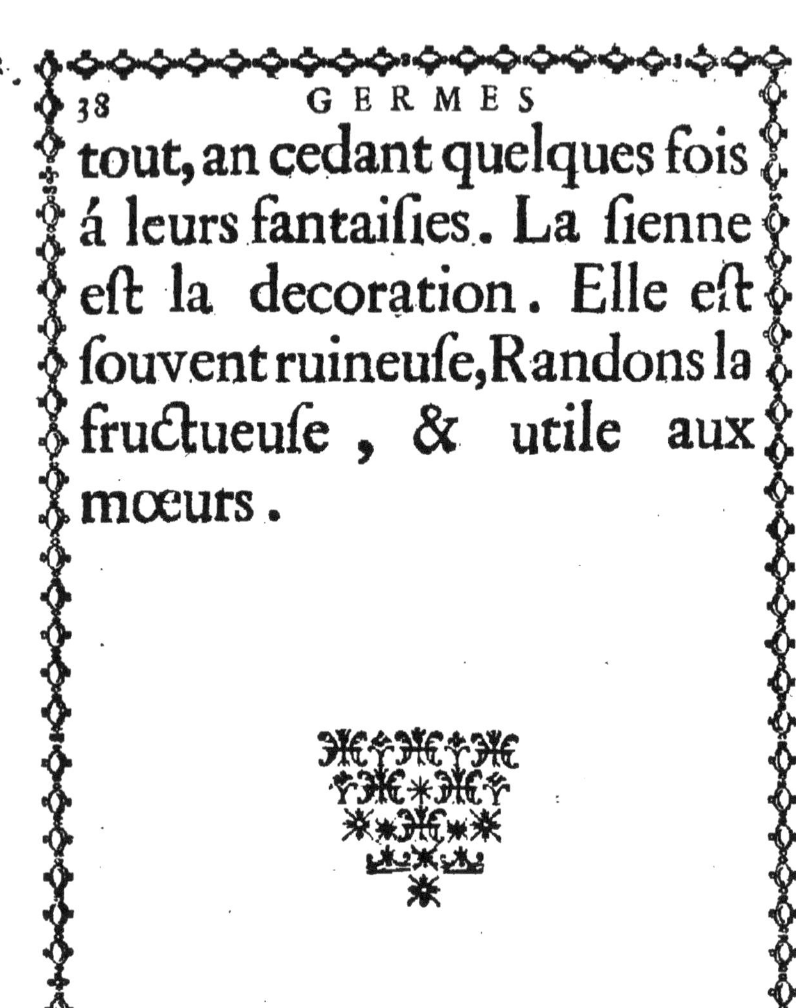

ESPRIT
DE L'ORDRE SUPREME DE LA CANDEUR.

LA reconnoiſſance & la crainte ont bati des Temples à Jupiter & a Mars &c. La ſageſſe meme du paganiſme a donne des autels à Minerve. Le Criſtianiſme en eleve à ſes heros. Les bienfaiteurs de l'humanitè doiuent avoir des ſtatues. Il faut des medailles & des diſtinctions honorables aux vertus morales qui les ont formez. Elles ſont les filles du Ciel, & les divinitez de la terre.

Le Don parfait fait ſeul des Parfaits. Il eſt desfoibles. Une ſaine politique leur doit des Encouragemants. Elle a des ſupplices pour les crimes. couronnons les vertus.

Il n'en eſt point de plus ſociable que la Candeur. Elle atire la confiance. Elle aſſure les unions. L'hypocriſie en fait l'eloge, en affectant de lui ressembler, pour lui nuire. On ne peut trop priser cette vertu morale. On doit en ètre inseparable en tous les temps, dans tous les lieux. Ils sont tous sesdomaines. Faisons l'y rentrer.

Les discours les plus eloquents y reussiroient moins, qu'un ordre a sa Gloire. Sans sequestrer, sans priver la societé des membres qui lui doivent le retour des services qu'ils en recoivent, il les lui assureroit en tout état, Il les rendroit plus fideles, avant meme d'avoir atteint le perfection, qui fait pratiquer la vertu pour elle seule. On a consacré les promenades Religieuses, les lustracions, le Pantheon &c. le Prophane peut ètre utile.

Les plus illustres seroient illustrèz par l'anonce de la Candeur. Elle eleveroit les plus eminents. Ses marques tousjours sous les jeux & sur le coeur, l'i graveroient. On ne pouroit l' oublier. On cheriroit ce moniteur.

L' Eternel, ſource de toutte vertu, doit ètre le ſouverain chef de cet ordre. l'Excitateur par etat, & par caractère, le Protecteur œcumenique des vertus, le Chef du Corps myſtique du Divin reparateur, aprendroit par ſon exemple à tous les ſouverains, Vivantes images du grand Maitre, l' empreſſement qu' ils doivent avoir, pour en ètre les repreſantants. Devant lui s'abaiſſent touttes les hauteurs, & les diſtinctions diſparoiſſent. Tout eſt egal, devant le diſtributeur des biens naturels, comuns à tous, ſans diſtinction.

La Candeur eſt ſingulierement l' Apanage du ſexe dont la douceur & l' ingenuité ſont les traits diſtinctifs.

Plus elle lui eſt éſſencielle, plus il y doit ètre ataché, La decence le fixe. Elle est son frein puissant. Il a les ieux plus ouverts, plus de loisir, plus de sagacité pour decouvrir les taches qui souilleroient l'ordre. Le bausexe, le sexe pieux embelit la vertu meme, il l'anime il la rend plus touchante.

Il a des droits aux distinccions d'un ordre qui n'a pas pour objet la destrustion mais la reconciliation.

Aimez-vous repetoit sans cessé, l'apotre bien aimè du Divin Legislateur qui nous a rapris que les biens faisances pour touttes les nations, sont une dette. Le Samaritain lors qu'il l'aquitte est preferable a l'hebreu qui l'oublie.

Quelqu'intolerante que soit la Religion unique ainsi que la verité dans ses dogmes, elle comerce pour les interest civils, avec les heterodoxes, & les idolatres, Est-il un Tresor plus precieox que l'union affermie par la

Confraternite ? Tourtes les nations en societe n' en feroient qu' une.

En recevant les profanes meme, dans le parvis du temple, on ne le prophane pas, on les en aproche. La catolicité doit chercher dans les quatre parties du monde, une vertu qui toutte rare qu' elle soit est vraiment universelle par sa nature. La fiere erreur s' acoutumeroit aux loix du grand Maitre & de ses representants. De pareilles faveurs ne coutent pas aux distributeurs. Que ne leur raportent-elle point en tout genre ? La distinction s'echange avec des biens solides & reels. Elle s' achete cher. Il en est debien recherchees qui n' ont d'autre valeur que la decoration.

Il ne doit entrer dans cet ordre que des petsonages qui puissent en soutenir l' eclat necessaire aux peuples, Ils ne venerent que lui. l'Opulenee a dailleurs specialement besoin, d'etre excitee & armee contre la ſeduction de l'artifice. Elle peut la tenter, par ce qu' elle peut la ſervir. La Candeur eſt expoſee. Elle doit ètre partout, & partout il eſt des dangers.

Les frais ne doivent point effraier l'honneur & l'opulence. Ils formeront un emploi. La deſtination utile a l'ordre ou elle fera des commenderies & des penſions, ſeroit encore un bien public.

Il eſt une barbarie duſage qui lui nuit. Elle mele un ſang qui doit etre le plus pur, avec un lait vil, ſouvent vicieux, tous-jours etranger. L'ame depend naturellement des organes & du ſang que forme le premier lait. *Anima in ſanguine*. Rapelons par des preferences les meres nourices. On en doit eſperer une ſucceſſion de vertus & de talents utiles a la Candeur. Elle ne doit pas ètre imbecillite. La medaille en averlira.

Pour que les maladies les abſences &c. ne diminuent pas l' ordre, il figurera tousjours, meme ſans etre complet, par des repreſentants, ou d' office, tels que les commendeurs & les Chevaliers de la plus ancienne nobleſſe, qui repreſenteront les tetes couronees, & les Princes & Ducs ſouverains, abſents, ou non recus dans l'ordre, Ou a la nomination des abſents ou de celui qui preſidera. Les Commendeurs & Chevaliers conſerveront leur qualite quand les places ſeront remplies, & ne ſeront tenus qu' aux frais d'entretien, & journaliers de l'ordre.

Puiſſe la Benediction du grand Maitre, & la prorection de ſes repreſentants, echaufer, aroſer, & faire germer le bon grain.

STATUTS
DE L'ORDRE SUPREME DE LA CANDEUR.

I.

L Eternel, CHEF. Represanté par chacun des souverains.

II.

Douze commanderies males. Douze femelles. Trois de chaque partie du monde. Un grand aumonier. Un grand Thesorier. Un Controleur, grands Croix. Les postulents alaitez parlenrs mères seront favorisez.

III.

Les receptions ne pouront ètre moindres de vingt cinq mil livres, pour la commanderie & de la moitie pour la chevaleric. Elles seront pai ées, au grand Thæsorier. Il prelevera six deniers par livre, pour les frais & besoins de l'ordre qui recevra les comptes aux quels contriburont les representatits qui n'auront point, paiè de reception. Le Revenu des fonds restants emploiez en aquisition de terres incultes, ou mal cultivees evaluee sur le montant de la recette actuelle sera paiè aux proprietaires des d. fonds, qui formeront des commanderies hereditaires, & dont l'ordre ne sera saisi qu'au defaut de successeurs convenables.

IV.

On fera preuve de seize traits remarquables de Candeur.

V.

Les traits contraires seront amandables de milecus, pour la commenderie & de cinq cent pour la chevalerie, paiables comptant dans les six mois de la comdamnation, la Gravitè seroit punie par l'exclusion.

L'emploi des amendes sera la meme que celui des receptions, mais en faveur de ceux qui auroient preferè la Candeur. à l'aſtuce; & paiees au grand aumonier.

VI.

Les receptions amandes excluſions ſe jugeront par ſcrutin dans la chambre du conſeil. L'acuſè votera ſur l'expoſition tres voilee, que fera le preſident, des acuſations ou Griefs.

VII.

La medaille, d'un Jaſpe verd, ou ſera gravee l'embleme de la Candeur, Un lis portè par un aigle & couronnè par un Genie, Del'autre face, le portrait du recipiendaire, avec nom & ſur-nom, aura pour legende *fulgur olim, nunc fert aquila candorem, a genio coronatum*. *Exerque*. *Toto in Orbe*. La medaille pivotera dans un cercle de raions grands & moindres, terminez por un diamant, eu roſe, d'hollande, & coupè par des charnieres, au milieu, pour que la medaille dont on ſe fournira

Pierre Julien fontaine

AUGUST · AB · ESDEN ·
1765

ſerve de ſcel. Elle pendra ſur la poitrine a une moire bleu celeſte ſemee d'etoiles de criſtal de roches en ceinture. Les Dames la porteront au col ainſi que les officiers dans leurs habits ordinaires.

VIII.

Habits de ceremoniet. Soutane de drap ou toile d'argent. Grand mantau de ſoie violete, ſur le quel ſera brodè le ſymbole de l'ordre. Sur la téte une Toque, ceinte de lis de criſtal de roche entremelez de raions de flame en rubis. Las Dames auront le mantel atachè a leurs epaules, ſur leurs habits dans la forme ordinaire mais blancs, & une couronne ſur leur coeffure. Les etrangers couſerveront les habiats nationaux, mais blancs avec la toque & le mantau.

IX.

Le huit Septembre & vingt-cinq

de Mars, chacune des comanderies donnera, tout au moins douze louis & chaque Chevalerie six au grand aumonier qui les distribura pour en augmenter le merite, par le secret, au gré neanmoins du donateur, apres avoir prelevè les deux sols pour livres, dont un sol pour led. Grand aumouier, & l' autre comme il est dit à l' Article des amandes.

X.

Les d. jours l'ordre ou ses representants d' office, commandeurs de la plus anciene noblesse de l' ordre, lesquels seront pour les couronnes, Chevaliers pour les puissences souveraines, exempts des frais de receptions, ou nommez par le Prèsident & agreez, s' assembleront dans une des salles de l' ordre en habit de ceremonie, pour entendre un discours de demiheure, & des poisies pendant un temps egal, en l' honneur de la Candeur, & des mambres decedez, ſuivies d'un concert an cinq actes, qui la celebrera. Celui qui preſidera ſera dans le fonds de la ſalle ſur un ſiege elevè de ſix degrez A ſes cotez les commanderies melees, dans des fauteuils élevez de quatre degrez. An retour ſeront les Chevaleries, ſur une eſtrade élevée, de deux degrez & méleés, touttes par ordre de reception. Au milieu de l'autre bout de la ſalle ſeront le grand Aumonier & l'Orateur, ou Poetes, le grand Theſorier & le Controleur dans leur chaire & burau. Les muſiciens ſeront dans leur orqueſtre élevées aux deux cotez de la ſalle, elle ſera echancrée & a pans dans les quatre coins pour ſervir de garderobbe. Le milieu du ſalon ſera rampli de banquettes à dos, & garnies, pour un monde choiſi.

XI.

Le diſcours & les poeſies lues a la place de l'Orateur l'Ordre antrer dans une ſalle voiſine d'ou s'antandra la musique, à soixante & une table rondes, pour passer entre les deux benittes touttes ansamble par le grand Aumonier, servies plat à plat mais abondamant, par les soins du grand Tresosorier chargè de tutte l' ordonnance de la feste, a fin que la desserte soit sufisante pour les domestiques qui desserviront tout ce qui sera antamé: Ce qui sera antier sera levé par les garçons du traiteur, pour les musiciens, & soixante pauvres agez des deux sexes qui succederont aux musiciens, & rapeleront les anciens agapes, ou festins religieux. Un sous aumonier benira les tables & antretiendra le bon ordre.

XII.

Apres le concert & les graces dites par les Aumoniers, tribut de reconoissance an touttes religions, & dans tous les Cultes; l' assemblée se séparera, tout au plus tard à minuit.

Developez ce Germe, Rosée Céleste.

GERMES
DU
BONEUR PUBLIC.

CHAPITRE XIX.

GOUVERNEMANTS.

LEs omes nez libres à l'image de celui qui fut crée ſeul, veulent faire ce qu'ils veulent, ſans contradixion comme s'ils étaient ſeuls. Ils courent tous à ce qu'ils ſe figurent le mieux être, mais dans les ténebres Quelques bluétes les égarent, ils ſe rancontrent, ils ſe heurtent an s'agitant. Les plus forts ranverſent les plus faibles. Ceux-ci s'uniſſent pour ſe defandre, & les autres pour atâquer. Ceux qui ſucombent ſont depouillez & liez. Les vainqueurs devienent les géoliers des vaincus.

Ceux-ci dedans, ceux-là dehors, De tous ces omes, Lesquels sont les plus libres ? Pour conserver leurs Esclaves, les maîtres les servent. Afin d'an tirer parti force est de les déchainer & de les elargir. C'est les perdrê & la roue qui tourne, met sous leurs pieds ceux qui les foulaient. Tous n'an sont pas mieux. Voilà les exploits de la férocité.

Les plus avisez ont rassamblé leurs lumignons. Ils ont vû mieux ansamble que chacun ne l'ut fait seul. Les uns ont les ieux meillieurs. Les autres, les bras & les jambes, Les prémiers ont mieux vu la route, les autres l'ont desrichée sur les desseins des prémiers. Ils se sont acoutumez à maneuvrer sous leurs ordres. Il est moins flateur pour l'Orgueil mais plus Comode à la pareſſe, & plus facile an ſoi d'Obéir que de bien commander.

La force & les Talans ont ſubordonez les omes. Le beſoin du ſuport les unit. Croïent-ils ſe ſufire ? Ils ſe ſéparent, chacun veut dominer. Aucun, l'être, & l'un néanmoins ne ſe peut ſaus l'autre. Acordons ces Contradictoires, & voïons comant il ſe ferait que l'on fut gouverné ſans le croire

Devons cette fine politique, à une Dame très déliée. An tous-tamps, nous l'aprend un Auteur ſort ancien, les français ont cru reconnaitre dans le ſéxe quelque trait de divinité. Ordinairement moins crapudeux, plus deſſant, & plus rafiné que le notre, avec quel art ne le gouverne t'il pas ?

Cette Dame avait un Mari foit jaloux de ſon autorité. Tous les ordres ſe donaient an ſon nom, il ſe perſuadait les avoir au moins ſuggerez, tant il les trouvait aviſez, & c'était l'objet des flateres de cette adroite Dame ; & de ſes amis, avec leſquels elle s'était conſultée & aux quels elle avait fait le Bec. Pourquoi les Declarations les Ordonnances Toutes les loix ne ſe donneraient-elles pas au nom de la Republique.

La Republique ſouveraine s'etant muremant consultée, Ee Conſiderant &c. Motifs Ordone irrevocablemant &c. Peines de l'infraxion.

Le plus Chatouilleux pour l'orgueil umain eſt l'arbitraire qui d'individus égaux par Nature an figure abſolumant des etres diſtincts par l'inſtitucion.

Le plus ancien des gouvernemants eſt celui d'un pere dans ſa famille. La faibleſſe & l'Anfance, le ſuport des parans furent an naiſſant les premieres, leçons que reçurent les omes de la dépandance & de l'autorité. La nature l'inſtitua. Rien deplus ſacré.

Nul autre que le Monarchique ne lui reſſamble davantage. Dans tous les deux, les Loix, Raiſon écrite, ſont ſupérieures.

Quel ſerait le ſort des omes, expoſez à l'ivreſſe, aux caprices d'un ſeul, ou ſous la main de quelques flateurs aiſement coruptibles, facilemant opreſſeurs d'un particulier moins fort qu'eux & qui n'auraient rien à craindre de leur pareſſe ou deleur inatancion.

Neanmoins un pere un monarque ſe decident par l'Avis de ceux qui les aprochent de plus près Ainſi l'on peut dire que l'Aritocracie est l'ame de tous les Gouvernemans. Ils ne diférent que par la forme.

Une seule tête ne peut sufire à tout un peuple.

Il est des Voisins dont il faut balancer les forces & les interets. Dans l'interieur, l'ansamble a besoin d'un modérateur.

Il serait distrait de ces grands objets par la foule des discussions privées. Elles ne peuvent d'ailleurs comme nous l'avons dit être an des mains trop nombreuses, dans lesquelles on ne hajarderaid pas les sécrets de l'état si le despotisme des Décemvirs des Triumvirs, si des plombs dont le silance est plus effaïant que le fracas des suplices, ne se cellaient ex..ctemant & à jamais, l'indiscretion dans le moindre comerce avec les ministres étrangers sévéremen prohibé. C'est acheter bien cher l'Ampire.

A moins que le peuple ne soit une masse dificile à s'émouvoir, la Democracie est trop tumutullie, pas assez avisées Un corps qui serait tout Tete, serait-il bien organisé.

Voïons comant on pourait conserver l'avanrage en rémédiant aux inconvéniants. &c.

GERMES
DU
BONEUR PUBLIC
CHAPITRE. 20.

LA Republique de Platon n'exiſtat que dans ſa tète, & n'exitat aucun trouble quoi qu'il meritat attancion & fit autorité.

Le plus ſur an efet eſt de ſe contanter de l'ordinaire, plustoſt que de chercher des Rafinemants dont on n'a pas fait l'Epreuve. Ils peuvent néanmoins n'etre pas vains, ſelon les ocurrances. Mais on ſe ruine ſouvant à chercher fortune. Au ſur plus des projets ne ſont pas Armez. Ne ſeraient ils qu'un roman, il an vaudrait d'autres. Il ne corompra point les mœurs. Il ſera court; Cela n'eſt pas comun. Les ſpeculacious d'un particulier ſans conſequance ne ſont point dangereuſes Elles peuvent ſervir& non nuire. On na n'a pas à crain dre la violance, & la raiſon qui les acrediterait petit a petit ne doit point effraïer.

Les Importants auraient ſouvant tort d'avoir tout-haut, mème raiſon. Ils ont leurs priſons, leurs gardes, leurs areſt. Ils ſont circonſcrits par les egards, les convenances, les antours. Les Jans de poids an donnent à leurs caprices.

Les Monarches n'ont point à craindre de révolucions. Elles ſont bien defandues par les Ambicieux puiſſants, qui trouvent plus aiſé de n'avoir à gagnér qu'un maitre que de meriter les ſufrages d'un grand nombre de conaiſſeurs.

Les Roix de Rome ont fait place aux Conſuls, mais deux Roix n'an valent pas un, & la Republique eſt degénerée an Ampire. Sous quelque titre que ce ſoit, c'eſt la fin de tout.

Ai-je tort ? Un Auteur qui de raiſone fait parler raiſon à ſon critique. Eſt bien inſanſé qui ſe croit infallible, qui ſe flate d'une aprobation générale. J'ai bien de la peine à m'obtenir la miene. Heureux les Auteurs à qui l'on fait la moue ſans qu'ils s'an doutent. Ils ſe rient. Ils ſont contants, & je ne le ſuis pas, moi qui le cherche ici. Je ne jouis point des flateries de la vanité, mais je ne conais pas l'annui des belles Aſſamblées, la Géne de l'Etiquete l'imnortunité des Toiletes & de la Represantacion. Espéreton de trouver la Critique plus favorable que son Amour propre? Je ne serai pas fété come de raison, si je ne sers à rien Mais je ne me serai point négligé moi mème an n'aquitant pas mon tribut à l'umanité. Je n'ai plus a lui presanter que des reflexions. Puissent elles étre Avantageuses sur tout taux Nouvaux Etats que je vois se former, ou se réformer.

Les omes ont justemant horreur d'un pouvoir illimité qui sacrifirait impunemant à ses Caprices, leurs vies & leurs travaux. Ils redoutent jusqu'a son image. Ils frémissent à l'idée d'un petit nombre de Tyrans sous le nom de favoris. Isalez, Ils randent inabordable, une Idole qui ne voit n'antand que par eux & ne rand d'oracles que ceux qui lui ſont dictez par une Cupiditépoint balancée, & preſſée de s'aſſouvir auplutot pour prevénir la perte d'un crédit inſtable & inſtantané, qui ſucceſſivemant angraiſſe & annivre, des familles affamées & altérées.

Une fortune, aquiſe, L'ancieneté des ſervices, prévient, ſurtout les perſonels, an faveur des peſſandants qui rapelent ceux des Peres.

Nul ne Veut ètre baloté par une populace inquiéte variable, pas aſſez éduquée, & qui ne conait pas ſes propres avantages, Lors qu'elle ambicione an Corps ce que chaqun des mambres craindrait an particulier?

Que ferousnous des ces Idées&de tous ces gouvernemans diſparates?

Une République Ariſtocratique

Quarantenaire, Opulante, Comerçante, ſous le nom des Manufacturiers, & manouvriers aidez de fonds d'outils de matieres dont ſeraient païez au prorata des miſes deux ſols pour livre des profits, évaluez à dix pour ſant de guain net, ſur les marchandiſes & main d'œuvres, touttes tariſées, ſur le pied dud guain Loi que le peuple lui mème paraitrait s'inpoſer, & qui ſerait invariable, non pour les Tarifs, mais pour le fond de la loi.

GERMES

DU

BONEUR PUBLIC

CHAPITRE. 21.

QUi ſoufrirait impaciamant l'Autorité de ce qu'il a de plus impoſant au monde, Eſt docile ſans jalouſie à la moindre loi de l'Etat, pourvu que ſes Organes faſſent antandre ſavoix ou ſoient juſtemant réputez incapables de l'alterer.

Les idées que nous avons propoſées ſur les ages de la vie, Etabliront cette confiance.

Après avoir paſſé par les diferants états, & frequanté les claſſes diverſes On les conait on antand ſans preſque d'etude, les loix qui les concernent, l'age ne laiſſe plus craindre l'ivreſſe des paſſions & ſon ſomeil, On ne redoute point le crédit dans une aſſemblée nombreuſe de nobles, qui tous ne peuvent ètre ſéduits ou fauteurs de l'injuſtice.

Combien reſpectable ſerait une foule de Princes, puiſqu'ils auraient tous part a la legiſlacion, qui tous anvironez an public de léclat néceſſaire pour impoſer au Vulgaire, ne le ſerait que de candeur de modeſtie & de ſinplicité randus a eux memes dans l'interieur de leurs hotels. Lefaſte de la repreſantacion decorerait les dignitez. La nobleſſe des ſantimants onorerait les dignitaires.

Des Vieillards *ſenes* Des ſenateurs à qui l'age aurait apris que le luxe qui confond les Etats, & pare les baladins ne diſtingue point ceux qui ſont vouez au ſacerdoce l'egal & ſacré, mais l'importance des fonxions, les talants qui leur ſont néceſſaires, les ſoins de bien ramplir ſon poſte, malgré le degout & les travaux indiſpanſables qui demandent pour les vaincre & ſeulemant pour les ſuporter, une force d'eſprit & de courage, moins comune & ſuperieure ancore à la Bravaure qui tient baucaup de la fougue animale Que pandant la guerre, l'Obſervacion repoſe, & que la Paix laiſſe Eureuſemant ſans exercice. Ah ¡ ce ſenat ſans Gardes n'aurait rien à craindre quand il ſe confondrait dans la foule de ſes ſujets. Il n'an devrait eſpérer que l'atachemant & la découtevete des conſpiracions, ſi des monſtres an étaient capables, ainſi qu'il arivat à Veniſe an 1....

Cette comunicacion familiere avec tous les autres ordres de l'etat ſerait ocaſionée par la part que prand à ſon comerce, la partie noble dont elle conſerverait l'opalance eſſancielle à la nobleſe. Elle eſt un etat lumineux & an vue. Elle a la part de baucoup d'autres, il faut qu'elle la leur rande par une dépanſe deſſante, & an mettant an mouvemant, des mains qui lui devraient leurs outils ſa protexion, & une partie des fruits quelles an retireraient. Ainſi, tous les ordres del'Etat ſeraient liez par un interèt Comun. La Tète tiendrait au bras. Tous les mambres tiendraient à la tête.

CHAPITRE XXII.

L'Exaltacion du Chef doit être la fète la plus magnifique. Il prandrait possession an se montrant avec un grand cortége par toutte la capitale jonchée de fleurs & tapissée sur son passage. Les Nobles lui prodigueraient les oneurs & les respects qui les anobliraient ancore, & leur seraient randus à leur tour.

Il serait bon de varier tous les ans ce Cérémonial Quelle affluance de curieux! La Capitale serait celle du monde antier. Elle rassamblerait tous les peuples.

Il y aurait foire franche pandant un mois. Combien seraient vivantes & parées toutes les rues, Place de la ville déssinée.

Il ne serait permis aux Citadins que d'échanger, an donant des apoins an monaie, pour faire valoir les manufactures. On n'i recevrait que l'arjant de l'étranger.

Le moïen de l'arêter serait une main légere pour tout ce qui ne nuit pas. La franchise due aux talans, auxquels des brevets exclusifs n'anleveraient pas le droit naturel de vivre au service du public. Les marchands ne païeraient que la place de leurs étalages, & le vingtiéme de l'estimacion des marchandiſes étalées, & tariſées par des Jurez qui balanceraient la valeur, les riſques & fixeraient le profit à dix pour cent de gain net.

Les nouvelles découvertes procureraient aux invanteurs, un droit fixé, païable par les contrefacteurs, qui comme de raïſon, ſatisferaient les invanteurs leurs maîtres an aquerant le droit de profiter libremant de leurs découvertes.

La preſſe ne ſerait point génée. Les Mœurs & la foi ne ſont pas plus pures, où elle a des Inquiſiteurs importuns & fantaſques, qui ne gênent que les eſprits où ſont acueillis les ouvrages érotiques, où les Docteurs de la débauche plus contagieuse que l'erreur, ont toute lissance quoique plus flateurs que les Etérodoxes insultants, qui disent aux fidéles : vous êtes des imbecilles à qui l'on an fait acroire. Les illusions du cœur sont plus dangereuses que les travers d'esprits. La corupcion nuit à la populacion, le grand objet du politique. C'est à la lumiere à dissiper l'erreur, & seulemant à la Police les assamblées illicites.

L'impression est une branche du commerce très-fructueuse. An ne prohibant que les ouvrages anonimes & pseudocesales qui n'auraient point à l'auteur modeste un masque, pourvu qu'il produisit un nom véritable qui ne s'i prêterait sans doute, qu'avec sureté, l'on découvrirait les imprudants qui peuvent n'être que bisares, & les pervers qui s'anveloperaient de ténébres déffandues.

La vérité serait-elle attaquée. Elle crierait, on l'antandrait mieux. Le choc qui fait feu produit la lumiere. La prohibicion de lire, fait lire à l'avantage de la contrebande. La papeterie, la librairie i perdent : on fixe mal aisémant des lecteurs : Ceux qui savent lire, & que l'on craindrait de fouxvoier, le sont deja.

L'on assamble plus aisémant les auditeurs. Les Concionateurs, les conferanciers mystérieux sont des ſédicieux révoltez contre la loi , convaincus par la recherche qu'ils font des ténébres prohibées, Des confraternités, ſont des recrues & des anrôlemants dangereux.

La Religion n'a jamais été que le prétexte des guerres de religion.

Jean Hus , Luther & Calvin , &c. ont indumant randus au public des hommes & des biens perdus pour l'état, & qu'il recouvre auſſi eureuſemant & plus franchemant par la reforme & la Refonte des opulants Reguliers , c'eſt un nom comme celui des Reformez qui n'ont retranché que l'abſtinance & le célibat , ainſi que les Premiers les ſervices dus à l'état.

Ceux qu'incomode la Messe au point de n'an pas faire même un cérémonial & un randez-vous, n'ont que faire de prescheurs pour s'an dispanser, ainsi que de la confession auriculaire. Les Eterodoxes auraient-ils été vus, s'ils n'eussent été mis au jour & traitez an importants. Des coups de plumes les auraient ranversez. L'orgueil craint plus le chiflet que le fer. L'œuvre de l'ome se dissipe avec & même avant lui. La vérité seule a du zele. Il n'arme point pour attaquer la liberté, protéger quelques particuliers contre leurs supérieurs légitimes, an leur anlevant une Législacion certaine pour revandiquer des droits au moins douteux. On veut dominer hors de chez ſoi, l'on trouve cela bau, s'y faire un parti puiſſant, qui facilite la conquête antiere. Voilà l'objet véritable.

De nouvaux prétandus Filoſofes avec baucoup plus d'agremants dans le ſtile, n'ont pas été fêtez, parce que le fagot n'a pas échauffé la cervele de leurs admirateurs. La créance intérieure qui ſe croit libre, & n'être comptable qu'au ſcrutateur des cœurs, ſa roidit contre les ſevices.

Il n'eſt de dangereux que l'écat d'un culte public qui formante des diviſions d'opinions & des querelles ſoumiſes à la Police d'un d'un commun accord.

Au défaut du prétexte de la Religion, les passions an trouveraient d'autres, & la prudance ne permet pas de se blesser dans la peur de l'être.

Tant d'agrémants peupleraient bientôt une Ville, & même de grands états.

Ils seraient contenus par la sévérité mytérieusé: secret éfraïant, dont les crimes qu'il randrait plus rares, constatez néanmoins juridiquemant, craindraient plus que tout, le chatimant inconnu qu'augmanterait infinimant l'imaginacion, & le spectacle des punicions au profit des travaux publics dont nous avons parlé, suſirait pour faire friſſoner la moleſſe, & refréner la brutalité même.

Spectacle de récompanſes & pompeux, ſpectacles vangeurs, ce ſont de grands reſſorts. Le ſecret impénétrable, ſoit pour les Chatimants, ſoit dans les Conſeils, eſt l'ame de la politique. Son violemant eſt un crime d'état, pour lequel, il ne peut i avoir autant de ſuplices que d'omes à vanger.

La moindre indiſcrecion exclurait des conſeils, & des amplois onorables, patrimoine comun de la Republique Ariſtocratique, mais pour un tamps court dans les mêmes places.

Un ſcrutin très-ſecret raſſurerait la liberté des ſuffrages an tout, excepté pour l'introniſacion du Chef, qui dans une Republique Ariſtocratique, n'an eſt plus que les autres Mambres, que l'image & l'organe, chargé d'an faire les oneurs. Le pied deſtiné à devenir la tête an ſerait plus conſideré.

La tête qui redeviendrait la main, conſerverait le luſtre & la conduirait mieux.

Ces Illuſtricimes Véterants meriteraient par leur âge, moins diſſipateur que reſſerré, d'être les gardiens du tréſor public & ſes diſpanſateurs.

Les ſix plus anciens an auraient chacun une clef de ſix

ſerrures differantes & à ſecret, ainſi que des Archives, Traitez, &c. conſervez dans le Titrier.

CHAPITRE XXIII.

LES Erudits n'ignorent point, mais je n'écris pas pour eux, que les deux Freres Fondateurs de Rome ſe partagerent l'adminiſtracion. L'Ainé fut décoré des grands titres. Celui de Tréſorier contantat le Cadet. Bientôt Remus diſparut. Romulus fut tout. Les finances font la fortune.

Le Tréſor public ſe ramplit ordinairemant des deniers publics ſouſtraits conſéquamant à l'art de les faire valoir qui met an axion. Il faut des taxes, des impots, des ſurcharges, dans les occurrances qui l'épuiſent. On ruine le peuple pour ampêcher qu'il ne le ſoit. On an épargne à l'enemi la peine & les frais.

Le ſigne de la valeur des danrées & des marchandiſes eſt fort indiférant aux Nacionaux, mais non aux étrangers. Ils ne veulent que de l'or & de l'arjant.

Il eſt un métail qui ne difere de l'or que par la couleur. La mine an eſt exactemant gardée, aparamant pour ne point augmanter les richeſſes fictives, d'un peuple auquel elles ont preſque fait oublier les naturelles.

Je ferais de cet or blanc la monaie de la Nacion. Elle aurait ſeule cours. On n'an craindreit pas les inconveniants du papier. J'établirais trois caiſſes au tréſor public une militaire, l'autre comerſante, la troiſieme nacionale. Cell-ci ſe ramplirait & ſe verſerait dans le jeu des Princes & du peuple. Il eſt bon qu'ils ſe doivent les uns aux autres, pour s'intéreſſer mutuellemant.

La premiere & la ſeconde ſatisferaient l'étranger, & regorgeraient de ſon arjant que raporterait l'exportacion, an s'échanjant dans touttes les villes comerſantes avec la monaie aïant cours. Elle ne craindrait pas la fragilité du billet de Banque. La contrefaxion ſerait impoſſible à cauſe de ſa blancheur qui la décelerait, & l'exactitude avec laquelle eſt gardée la mine, arêterait la trop grande abondance. Elle ne pourait ſortir de l'état, hors duquel on ne la recevrait pas.

Plus d'impoſt, plus d'antraves dans la comerce.

Le tréſor acheterait bientôt, ſut-ce cheremant, certains rochers que je prefererais à de belles provinvinces, pour devenir le R. des R. Que la combinaiſon ſujete aux diſſanſions, rand peu redoutables.

Omes libres, vous ſerez afranchis. Plus de taxes ſur les arts, talants & biens fonds, mais ſur le troiſieme valet, & le cinquieme cheval pour anlever aux antichambres à l'oiſive débauche & à la vanité les outils du labourage, des armées & des voitures publiques

bliques. Tous les crimes qui ne s'expieraient point par l'afranchisemant des corvées seraient amandez cheremant.

Il n'i aurait d'antrées, que sur les marchandises étrangéres qui nuiraient aux manufactures, sur les vins fins, sur le gibier exquis, pour angager la friandise à porter son arjant dans les Provinces, & les terres où ils se boivent, & se mangent à meilleur compte. Ces impost n'intéresseraient que les riches. A qui demandera-t-on, si ce n'est aux opulants? Ceux que le service où l'agrémant fixe dans les villes, ont de quoi païer. Il faut que la campagne se fertilise, an nourissant simplemant ses travailleurs, ſans les angraiſſer. (Ils an ſeraient moins diſpos, plus diſſolus & fainéants,) mais les terres qui randent fidélemant les frais qu'elles occaſionent.

Loin de taxer paſſivemant les têtes, je les capiterais activemant. Chaques fonxions ſeraient généreuſemant ſalariées, afin d'inviter à les ramplir. Que les abeilles mangent leur miel, écartons les frélons. Chaque anfant qui naîtrait aurait un néceſſaire ſuccint juſqu'à dix ans. Le ſexe ne le perdrait, (il s'an contanterait,) qu'à l'établiſſemant, qui l'anrichirait, pour an augmanter l'ampreſſemant ancore, utile à la populacion. L'éguille & la quenouille ont mince raport.

Sur-tout point de rantiers qu'à quarante ans, an viager.

La forûne de chacune des condicions ſerait fixée onêtemant, largemant. *Permis d'avoir an fonds tant*.... L'état aurait l'excédant, afin qu'une ſeule famille n'an angloutit pas pluſieurs, & de ſubvenir aux natalitez qui ne feraient plus craindre d'augmanter la populacion. Les anfans ne partageraient l'héritage que juſqu'à la concurrance de cette ſome.

L'état étant l'objet de touttes ces loix, l'infraxion ſerait punie ſévéremant come crime d'état.

L'or & l'arjant ne s'anfouiraient-il pas ? Outre les grands riſques à courir, les domeſtiques à tromper, ils ſont tout ieux & tout

oreilles, pour expioner leurs maîtres : (Quand il s'agit du bien de l'état, ils seraient traitres sans trahison, & recompansez) dequoi servirait-ce dont on n'oserait jouir.

Le Caissier nacional aurait, puiserait abondammant de touttes ces sources de quoi desalterer, soigner, avitailler le petit nombre d'indijans, impotants, extenuez que l'umanité ne doit pas abandoner.

Les hôpitaux sont des camps où l'on combat l'enemi comun. Il est plus rédoutable au sein du repos & sous le nom de jolies délices, qu'au milieu des travaux & sous l'épitete odieuse de ravajeur. Partout on milite. Les maux habitent par tout. Moins efraïants sous les toits, i sont-ils plus rares, que sous les tantes?

CHAPITRE XXIV.

UN Miniſtre dont les vues étaient pacifiques achetait, dit-on, la paix cheremant. Une conquête incertaine coûte ancore davantage, & ſe conſerve moins ſuremant que ne l'ont été les omes qui ſe reproduiſent. Ces diſſipacions prétandues n'ont point ampéché qu'un état où l'or était devenu papier, ne regorjat de ce métal au point, que le denier vingt ſe rambourſait inceſſamant & que l'on ne trouvait plus d'amploi ſûr, qu'au denier vingt-cinq. Trait inouï dans notre hiſtoire.

Il eſt des guerres indiſpanſables On perd l'uſage de les déclarer. Les irrupcions ſubites des barbares devienent à la mode : On s'extermine an parlant de conciliacion. On s'établit polimant chez autrui come protecteurs. On i domine finemant come libérateurs.

Il faut être toujours prêt, pour n'être point ſurpris Mais oú poſons-nous nos ſuiſſes & nos gardes ? eſt-ce dans l'intérieur du Palais, du Château ? C'eſt aux portes le long des murs C'eſt aux Frontieres que de dix lieues an dix lieues devraient être les Caſernes. Pour la comodité des Chefs, on les bâtit dans des villes où l'on n'a rien à garder. Les laboureurs ſur les frontieres deviendraient guerriers ſans abandoner leurs charues, s'ils voïaient ſouvant manœuvrer les ſoldats, & ceux-ci cultivateurs dans les intervales de leurs exercices, an aprenant à faire des tranchées. La défance du propre bien animerait plus que celle des poſſeſſions d'autrui, ne le peut faire nos militaires : Les Colons auraient l'œil plus ouvert, l'oreille plus au guet, & ces corps de troupes raſſamblez, an un inſtant, feraient une armée, elle fermerait l'antrée aux ennemis.

Ces pelotons hériſſés doneraient du fil à retordre, ourdiraient une trame & un filet qui ranfermerait ces bêtes malfaisantes, couperait les convois & le retour.

Le nombre de troupes qu'il faudrait ne doit pas éfraïer, les païsans recruteraient, & toutte notre jeunesse armée, sans nuire aux arts qui l'ocuperaient jusqu'à l'apel au drapau, l'on a dit l'un & l'autre, formerait promptemant de nombreux bataillons.

Ses nerfs & son sang bouillant lui font respirer les combats. Le flegme prudant & sage du chef, les évite. Le grand art de la guerre, ce sont les posicions & les campemants. Un Oficier blanchi sous un Général jamais batu, chose unique, à ce que je croi, m'a dit,

dit, qu'il faiſait plus ſûr dans ſon camp que dans la Capitale.

Céſar, Antoine, Pompée à la tête des armées, Les Révoltes dans le bas ampire étaient à craindre, parce que les Soldats & Chefs tous Romains, ſans changer de patrie, & apuiez de leurs familles, & de leurs intellijances, étaient facilemant flatez de devoir à leurs ſoulevemants & à leurs infidélitez, une amelioracion de fortune, & un agrandiſſemant.

Préferons dans toute nacion & dans tout païs, le merite belliqueux. Que les armées ſoient compoſées moitié de nacionaux, moitié d'étrangers, Tous, ſous des Oficiers de l'état qui ſalarie, & tous bien païez, vêtus & nouris.

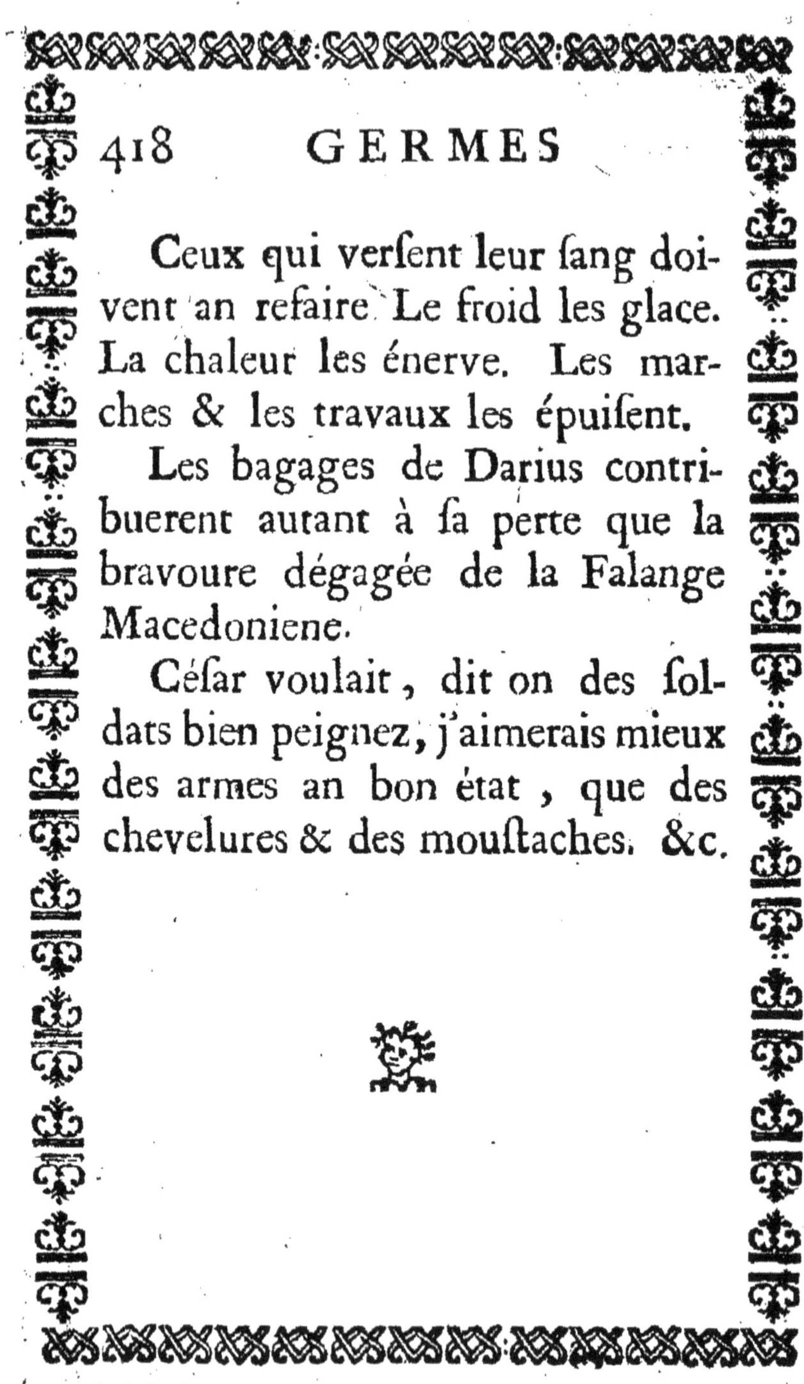

Ceux qui versent leur sang doivent an refaire. Le froid les glace. La chaleur les énerve. Les marches & les travaux les épuisent.

Les bagages de Darius contribuerent autant à sa perte que la bravoure dégagée de la Falange Macedoniene.

César voulait, dit on des soldats bien peignez, j'aimerais mieux des armes an bon état, que des chevelures & des moustaches. &c.

CHAPITRE XXV.

C'Eſt pour la paix que l'on doit faire la guerre, & que l'on s'i prépare. *Si vis pacem, para bellum.*

Qu'aimerait-on le mieux d'un Medecin qui conſervat une ſanté robuſte, ou de celui qui la réparat. Tous deux ſont utiles.

Conquêtes : Aquiſicions ruineuſes, avant & après les avoir faites. An ménajant ſon bien, on l'augmante plus ſuremant & plus ſolidemant, Tant vaut l'Ome tant vaut ſa terre, qu'an accumulant des poſſecions. Elles anrichiſſent les deſſandans, ou plutôt leurs Repréſentants & jans d'afaires, aux dépans des acquereurs.

La négociation ne doit avoir d'autre objet que de conſerver. Si dans la combinaiſon, l'oneur & le profit s'i companſent, chacun des deux i gagne à ſon gouſt, mais il ne faut pas eſperer que l'on s'accorde à perdre au jeu, l'on prandrait revanche au plustôt. La tricherie ne fait point profit. La défiance rand attantif Plus un Négociateur a d'eſprit, moins il an montre. La ſimplicité, l'ingénuité, la candeur atirent la confiance, & tout eſt gagné.

Hanri Quatre, puiſſant Génie, & Xiſte Quint le plus fin des Pontifes, ſe fiaient égalemant au Cardinal d'Oſſat. A la fin de ſa vie, il ne ſe ſouvenait d'avoir manti qu'une fois.

Il eſt bau de voir ce politique vraimant tombé des nues, qui ne conaiſſait ni pere ni mere, ni province, écrire à ſon Roi, *Sire ce que vous voulez n'eſt pas juſte.* Il était ancore plus grand, le grand Hanri de lire avec ſatisfaxion, & de recompanſer ce ſtile auquel on eſt ſi peu fait à la Cour. Le cœur ne conte fleurete qu'au ſexe. Les ſantimants mâles ont un autre ton; mais il faut des ieux & des oreilles qui le ſoient auſſi, pour lire & antandre cette langue franche, ſi peu d'uſage.

Il faut dans tout ce que l'on déſire obténir, paraître occupé de l'intérêt oppoſé. Tout d'un côté, ce ſerait *Societas Leonina.* La

Société Leonine eſt par tout reprouvée.

Un fameux Miniſtre croiait l'épée plus propre aux ambaſſades que la robe. An efet un plumet a meilleure grace qu'une plume. La repréſantacion i gagne, mais Mars plus bouillant n'eſt pas plus adroit que Mercure. Un Ajant d'ambaſſade, non pas un Secretaire d'Ambaſſadeur, eſt la cheville ouvriere. Il voit déçamant grands & petits. Rien n'eſt à négliger. Il paraît ſans conſéquance, & ſans intérêt. Il peut haſarder des imprudances aparantes pour faire jaſer. A peine l'aperçoit-on. Le tamps que l'Ambaſſadeur doit amployer an antrées, an viſites cérémonielles, galantes même, elles peuvent être utiles pourvu qu'elles ſoient ſages, & que le cœur du politique ne lui tourne point la tête, eſt mieux ménagé par la grave Robe, pour les afaires ſérieuſes que par la ſémillante épée, & l'ame inviſible meut tout.

Anfin, anfin, les préliminaires ſont ſignez. Tout eſt fait Concluons. Tout laſſe jusqu'au délaſſemant, il ne doit pas fatiguer mes Lecteurs, ſi j'an ai d'aſſez conſtans. Mon tribut au public eſt païé. Peut-être m'an eut-il quitté. Les Germes ſont ſémez. Aroſez grands Cultivateurs. Je m'antere aux fondemants, ſans ambicioner la cime. Le fonds de la bâtiſſe m'a plus occupé que l'ornemant.

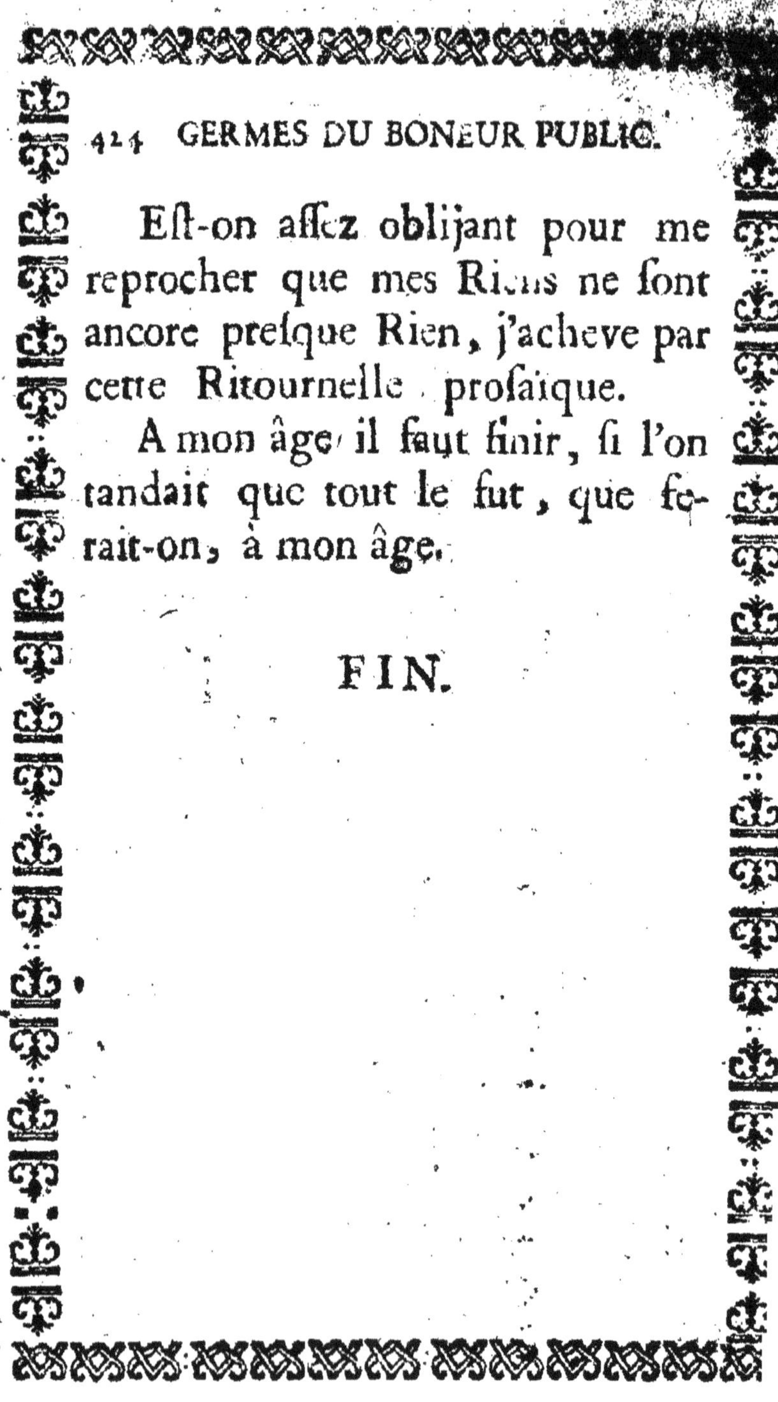

Eſt-on aſſez oblijant pour me reprocher que mes Riens ne ſont ancore preſque Rien, j'acheve par cette Ritournelle proſaïque.

A mon âge il faut finir, ſi l'on tandait que tout le fut, que ferait-on, à mon âge.

FIN.

www.ingramcontent.com/pod-product-compliance
Ingram Content Group UK Ltd.
Pitfield, Milton Keynes, MK11 3LW, UK
UKHW012010240726
13965UKWH00001B/274